Agnès Chauveau
Philippe Tétart

Introduction à l'histoire des médias en France
de 1881 à nos jours

ARMAND COLIN

Collection « Synthèse », série « Histoire »
sous la direction de Marc Nouschi

Abzac-Épezy C. d', *La Seconde Guerre mondiale.*
Besset F., *Introduction à l'histoire du XIXe siècle.*
Busekist A. von, *Nations et nationalismes. XIXe-XXe siècle.*
Cabanes P., *Le Monde grec.*
Colas M., *Le Monde romain.*
Gauzy F., *L'Exception allemande. XIXe-XXe siècles.*
Gougeon J.-P., *L'Allemagne dans les relations internationales de 1890 à nos jours.*
Hélie J., *Introduction à l'histoire des temps modernes.*
Hugon A., *Introduction à l'histoire de l'Afrique contemporaine.*
Lambert F., *Introduction à l'histoire des idées politiques.*
Leòn E., *Républicains et démocrates aux États-Unis au XXe siècle.*
Matharan J.-L., *Les Républiques françaises.*
Matonti F., *Le Comportement politique des Français.*
Morelle C., *De Gaulle, le gaullisme et les gaullistes.*
Nouschi M., *Introduction à l'histoire du XXe siècle.*
Nouschi M., *Lexique de géopolitique.*
Nouschi M., *Lexique d'histoire économique.*
Pellistrandi B., *La France depuis 1945.*
Schor R., *L'Église catholique au XXe siècle.*
Tétart P., *Petite histoire des historiens.*
Vaïsse J., *Le Modèle américain.*
Verley P., *La première révolution industrielle.*

ISBN : 2-200-21822-2

SOMMAIRE

Chapitre 4. L'heure des médias de masse

Chapitre 5. Vers un nouvel âge d'or ? 1970-1998

INTRODUCTION

L'histoire de la circulation des nouvelles remonte à la nuit des temps. Longtemps confiné à des progrès insensibles, son développement s'accélère à partir du XVe siècle, avec la naissance de l'imprimerie et la parution des premiers occasionnels et autres canards. Dès lors l'information, sa retranscription et sa diffusion deviennent l'objet d'une attention soutenue, d'initiatives constituant peu à peu le socle à partir duquel se développe l'explosion médiatique du XXe siècle.

Au XVIIIe siècle apparaissent les périodiques, dont la célèbre *Gazette* de Théophraste Renaudot (1631). Le XVIIIe siècle voit la naissance du premier quotidien français, *Le Journal de Paris* (1777). La période révolutionnaire favorise l'éclosion d'un foisonnant univers de journaux politiques dont l'existence est permise par la Déclaration des Droits de l'Homme et le principe – momentanément acquis – de liberté de la presse. Le XIXe siècle se caractérise enfin par une accélération de la modernisation technique, économique, professionnelle des médias écrits, surtout avec l'entrée dans l'ère républicaine : 1871, et plus encore juillet 1881, où est promulguée la loi fondamentale de la liberté de la presse.

Par rapport à cette longue évolution, l'extrême fin du XIXe et le XXe se distinguent en ce qu'ils sont le théâtre d'une formidable accélération de l'histoire. Le tournant du siècle marque l'âge d'or de la presse et l'entrée dans le temps de la consommation de masse de l'information écrite. Les années 1930-1950 voient l'émergence, puis la conquête du public par la radio. Depuis le début des années 1960, la télévision, symbole de ce siècle médiatique, ne cesse de gagner en audience. Enfin, à l'heure où nous nous apprêtons à changer de millénaire, Internet vient compliquer et compléter cette métamorphose rapide et radicale de l'univers de l'information depuis un siècle.

Cette évolution découle de révolutions politiques, techniques, scientifiques, culturelles, mentales… Elle tient aussi à l'entrée dans l'ère des masses, qu'il s'agisse de l'affirmation du suffrage universel et de la démocratie, qu'il s'agisse de l'instruction, de l'industrie, de la consommation. Ainsi, l'histoire des médias au XXe siècle couvre un terrain sur lequel se croisent et se motivent mutuellement l'élan modernisateur des sciences et techniques, de l'industrie, l'affirmation d'une communication, d'un débat politique et social de masse, l'émergence de la toute-puissante consommation de masse et, bien sûr, la pérennisation d'un débat politique pluraliste et libre à partir de l'avènement républicain.

Dès lors, pas plus qu'une autre, mais de façon caractéristique, l'histoire des médias depuis la promulgation de la loi de liberté du 29 juillet 1881 jusqu'à nos jours peut rendre compte, sous un angle spécifique de notre passé récent et aider à cerner une partie de l'identité et des représentations de la société contemporaine.

Cependant, sur le front de l'histoire des médias, les travaux effectués jusqu'à nos jours par les historiens, les sociologues, les spécialistes en information et communication, ne constituent, dans leur ensemble peu à peu surajouté, qu'une partie de ce qui serait requis pour parfaire une connaissance satisfaisante de l'histoire de la presse écrite, de la radio, de la télévision. Nuançons du reste : après quelques atermoiements méthodologiques, la communauté scientifique, saisie par le virus des médias et de la médiatisation, pleine d'interrogation quant aux questions de communication, s'engage plus souvent qu'il y a quinze ou vingt ans sur ce terrain. « Le secteur des médias n'est pas le plus ardemment travaillé », écrivait Jean-Noël Jeanneney en 1988, avant de préciser que, pourtant, nombreux sont ceux qui en ressentent « vivement l'intérêt et l'attrait, mesurant l'importance […] de la représentation qu'une société politique se donne d'elle-même » (« Les médias », *in* R. Rémond (dir.), *Pour une histoire politique*, Seuil, 1988, p. 185).

Or depuis cette fin des années 1980, l'historiographie des médias écrits et audiovisuels s'est singulièrement développée. On ne saurait ici citer l'ensemble des contributions ayant apporté un sang neuf à ce secteur. Aussi, si Marc Martin soulignait récemment encore, dans *Médias et journalistes de la République*, que « l'histoire des médias est un domaine assez peu fréquenté par les historiens français, au contraire de ce que l'on observe chez leurs confrères anglo-saxons » (Odile Jacob, 1997, p. 9) ; il convient de souligner qu'en soi, la somme des travaux de cet auteur lui-même, illustre les progrès du genre. De la même façon, on notera la sortie, en 1999, de deux ouvrages emblématiques de cet essor : d'une part *L'Écho du siècle*, dirigé par J.-N. Jeanneney, ouvrage retraçant un siècle d'histoire de la radiotélévision (Hachette-La Cinquième-Arte) ; d'autre part la contribution à l'histoire de la presse de Ch. Delporte avec *Les journalistes en France, 1880-1950. Naissance et construction d'une profession* (Le Seuil).

Pour le reste, deux remarques s'imposent. En premier lieu, l'étude des médias n'est pas majoritairement le fait des historiens. Trop

rares sont les centres de recherches en histoire dédiés à ce sujet. Comme en témoigne la bibliographie de fin d'ouvrage, les historiens occupent une part congrue de la production éditoriale du domaine. L'historiographie des médias est d'abord en devenir (même si elle occupe maintenant, ce qui n'était pas le cas il y a vingt ans, une place légitime dans toute bonne synthèse sur l'histoire de notre siècle). De plus, on discerne en son sein un nivellement de l'intérêt reléguant au second plan la question pourtant essentielle des médias écrits ; à cause, sans doute, d'une plus grande attraction pour l'univers audiovisuel. Second point : à cause de sa jeunesse, qui la met en prise avec la tendance actuelle à une rencontre dynamique entre sciences sociales, l'étude des médias s'inscrit dans une problématique pluridisciplinaire. L'histoire doit savoir s'y marier utilement aux études sociologiques, d'infocom, de sémantique de l'image, de linguistique, de politologie, etc. Peut-être doit-elle aussi tenter de s'y identifier un peu mieux en développant un territoire de recherche moins épars, plus charpenté et dès lors, peut-être, plus légitime qu'il apparaît aujourd'hui.
Ce retard relatif est probablement dû, pour partie au moins, à une timidité éditoriale certaine. Nombre de monographies universitaires ne dépassent pas le champ clos des bibliothèques spécialisées. Le public, les étudiants, voire les chercheurs, ne peuvent profiter de leurs apports. Carence dommageable et paradoxe : notre société, si envahie et préoccupée par les questions omniprésentes de la *médiation*, de la *médiatisation*, de la *communication*, se penche peu sur le passé médiatique, pourtant riche d'enseignement, qu'il s'agisse des rapports entre médias et pouvoir politique, de la question du quatrième pouvoir et ou de la construction des identités culturelles. À l'heure où de nombreux essayistes débattent, parfois âprement, autour de la citoyenneté et du débat dans la démocratie, l'étude historique des médias peut à coup sûr constituer une contribution clé. Dans la limite de ses ambitions, cet ouvrage sur l'histoire de la presse écrite, de la radio et de la télévision se voudrait introduction à cette mise en perspective de l'histoire sociale, culturelle et politique du XXe siècle. Les pages qui suivent n'ont pas la moindre prétention à l'exhaustivité. Dans leur exiguïté compilatoire, leur vocation est d'ouvrir à des lectures plus instructives et exigeantes. Elles constituent une manière d'entrer en plus grand intimité avec l'histoire des médias et de comprendre, peut-être un peu mieux, comme fonctionnent certains outils de la communication sociale, culturelle, politique.

1. LA CONQUÊTE DE LA LIBERTÉ

Trois siècles après l'invention des premiers périodiques – la *Gazette* de Renaudot naît en 1631 – le XIXe marque l'avènement du journal moderne. Progrès techniques, prolifération des titres, transformation des pratiques de lecture et affirmation de la liberté de la presse favorisent la prospérité des médias écrits.

I. LA CROISSANCE DE LA PRESSE AU XIXe SIÈCLE

Après 1850, la presse devient un produit de consommation de plus en plus courant. Selon un mouvement parallèle, les titres se multiplient, les tirages augmentent. S'agissant des seuls quotidiens, Paris en compte 11 en 1803 pour 60 en 1885 ; tandis qu'en province on passe de 1 à 250. Dans le même temps, d'un tirage quotidien initial de 36 000, la barre s'élève à 1,4 million en 1870, puis à 3 millions en 1885. Ces progrès sont considérables. En moins d'un siècle, la presse quotidienne est devenue foisonnante. À quoi tient cet épanouissement ?

A. Mutations techniques et industrialisation

L'effervescence technicienne concourt à cette expansion. De 1810 à 1875 sont mis au point les presses à cylindre, l'impression recto verso, l'encre industrielle, les rotatives, le papier bobine, la photographie, la machine à écrire. Ces progrès se marient à la modernisation des transports (chemin de fer, poste) qui révolutionne la diffusion de la presse. Enfin, le télégraphe puis les transcripteurs rapides (1830-1880) – indissociables de la naissance en 1832 de la première agence de presse française, Havas – élargissent le marché des nouvelles en en améliorant la qualité informative. Partant de cette évolution et de l'inflation des tirages, l'entreprise de presse cesse d'être artisanale. Elle devient concurrentielle, industrielle.

B. Une dynamique sociale

Cette expansion dépend aussi étroitement de la disponibilité des lecteurs. Plus on avance dans le siècle, plus les Français lisent les journaux. La progressive généralisation de l'instruction, l'urbani-

sation, les soubresauts de la vie politique, le développement des moyens de communication sont autant de facteurs qui aiguillonnent leur intérêt pour l'information et les opinions répercutées par la presse. Objet de médiation entre le citoyen et le monde, le quotidien devient reflet, référence, guide.
Cette évolution, dont Pierre Albert (1996) souligne qu'elle n'est que l'adaptation des « connaissances et des mentalités aux idées et aux réalités nouvelles de la vie économique, sociale, culturelle », dépend également d'une notion aussi neuve que capitale : le concept du *journal populaire à grand tirage* dans lequel l'information générale l'emporte sur l'information politique. En effet, à l'imitation d'Émile de Girardin qui, en 1836, baissait le prix de *La Presse* de 50 % grâce en particulier à l'augmentation de ses revenus publicitaires, la plupart des patrons de journaux cassent les prix. Ainsi, en 1863, Moïse Millaud, fondateur du *Petit Journal*, inaugure l'ère de la presse à cinq centimes. Au-delà de la baisse des coûts, la « petite » presse d'information à cinq centimes sait aussi s'adapter à l'attente sociale. Elle offre une « information simple pour des gens simples ». D'où la fulgurante progression du *Petit Journal* qui, de 83 000 en 1863, passe à 260 000 dès 1865 pour franchir le cap des 500 000 en 1880. Jamais de tels tirages n'ont été atteints. Dès les années 1880, la presse d'information à cinq centimes règne. En témoigne son écrasante suprématie dans l'univers des 65 quotidiens publiés à Paris en 1882.

• **21 titres à 5 centimes** dont *Le Petit Journal, La Petite République Française, La Lanterne, Le Petit Parisien, Le Petit Moniteur, Le Soleil, Le Petit Caporal...*	• **44 autres titres** dont *l'Intransigeant, Le Rappel, Le Figaro, Le Gaulois, Gil Blas, Le Moniteur Universel, La France, La Marseillaise, l'Univers...*
• **Tirage** : 1 364 429, soit 68,75 % du marché	• **Tirage** : 620 092, soit 31,25% du marché

D'après M. Palmer (1983), p. 320-321 (chiffres de juillet 1882)

Les Français s'entichent du quotidien. Cet engouement dépasse la seule presse d'information. Les nouveaux titres, politiques ou non, prouvent en effet, tôt après leur fondation, que le marché est porteur. Les études de Pierre Albert (1977) et Michaël Palmer (1983) montrent que, dès 1880, *La Petite République* (1876) sort 180 000 exemplaires par jour, *La Lanterne* (1877) en imprime

127 000, *Paix* (1879) en tire 49 000. Des progrès analogues sont relevés pour les quotidiens provinciaux. Leur tirage global passe de 100 000 en 1830 à près de 2,8 millions en 1885.
La naissance du « grand public » est en marche.

II. UNE VICTOIRE : LA LIBERTÉ DE LA PRESSE

Au-delà de ce faisceau d'éléments moteurs, la conquête essentielle et attendue de longue date de la « liberté de la presse » stimule plus encore l'entrée dans une ère nouvelle. Longue, fiévreuse et hautement politisée est l'histoire qui voit s'affronter les partisans de la liberté de la presse et l'État depuis la Révolution jusqu'à la naissance de la IIIe République. Malgré 1789 et la Déclaration des Droits de l'Homme, la presse a le plus souvent été muselée par la censure et l'emprise des privilèges. La naissance et la consolidation de la République parlementaire sonnent le glas d'un régime procédurier, arbitraire, coercitif.

A. Une « loi d'affranchissement et de liberté »

Lancée en 1876 par le député Alfred Naquet, l'idée d'une abrogation des 325 articles répartis dans 43 lois qui gèrent le statut de la presse, fait son chemin. Discutée puis ratifiée par l'Assemblée et le Sénat entre janvier et juillet 1881, la loi sur la liberté de la presse est promulguée le 29 juillet.
La circulaire d'application du ministère de la Justice du 9 novembre précise qu'il s'agit d'une « loi de liberté telle que la presse n'en a jamais eu en aucun temps ». Définissant le régime administratif et pénal de la presse, ses 70 articles garantissent en premier lieu une totale liberté d'expression et d'opinion. La loi simplifie les procédures administratives à la fondation, libère le droit d'imprimerie, de publication, de diffusion, d'affichage ; supprime les entraves préalables (autorisation de publication, censure, cautionnement) et n'impose qu'une déclaration simple pour la distribution sur la voie publique et par colportage.
Du côté des interdits : l'incitation aux crimes, aux délits et à la désobéissance militaire ; les offenses aux présidents de la République et aux diplomates étrangers ; les outrages aux bonnes mœurs ; la publication de fausses nouvelles : la diffamation des particuliers et des corps constitués (institution du « droit de réponse ») ;

la publication avant audience d'informations sur les actes d'accusation et procédures judiciaires.
De fait et parce que ces interdits relèvent pour la plupart du tribunal d'assises (civil), réputé moins draconien que le tribunal correctionnel (professionnel), il s'agit du régime le plus libéral au monde. Seul et notable retour en arrière : de décembre 1893 à juillet 1894, la vague d'attentats anarchistes, dont celui de Vaillant au Palais Bourbon, entraîne la promulgation des lois dites « scélérates ». Leur fonction est de museler la propagande anarchiste, d'interdire les appels au crime et au désordre public qui entachent les colonnes de *La Révolte*, *L'Anarchie, l'Homme Libre*... Mais, cette parenthèse refermée et à l'exception des périodes de guerre, la loi de 1881, parachevée par celle de 1889 (suppression la saisie préventive) se fige en une intangible charte de liberté.

B. Une révolution civique et républicaine

Droit sacré, la liberté de la presse est donc acquise, indissociable des efforts législatifs de la République de Jules Ferry qui transforme le régime de l'instruction, de la conscription. Le citoyen a dorénavant les moyens de lire le journal, mais surtout le *droit*, voire le devoir de le faire, pour se forger une opinion ; parce que la République balbutiante espère l'affirmation d'une opinion publique, civique, d'un débat démocratique, d'une conscience républicaine. La presse revêt dès lors une fonction médiatrice clé entre le citoyen, l'État, les force partisanes. Elle devient l'instrument privilégié de la communication politique et sociale, ce que suggère Camille Pelletan en 1881.

> « La presse à bon marché est une promesse tacite de la République au suffrage universel. La presse, cette parole présente à la fois partout et à la même heure, grâce à la vapeur et à l'électricité, peut seule tenir la France tout entière assemblée, comme sur une place publique et la mettre, homme par homme, jour par jour, dans la confidence de tous les événements et au courant de toutes les questions. »
>
> Cité par J.-N. Jeanneney, *Une histoire des médias*, 1996, p. 113

◆ Pour aller plus loin

LEDRÉ Ch., *La Presse à l'assaut de la monarchie*, 1960 – ALBERT P., *Histoire de la presse politique nationale au début de la IIIe République*, 1871-1879, [Thèse] – PALMER M., *Des petits journaux aux grandes agences. Naissance du journalisme moderne*, 1983.

2. L'ÂGE D'OR, 1881-1914

I. LES MOTEURS DE L'EXPANSION

A. Le poids des innovations techniques

L'élan technicien favorise toujours une nette amélioration qualitative et quantitative des procédés de fabrication. Les rotatives à partir des années 1890 (Marinoni, Walter, Derriey) et l'invention des flans* permettent de tirer jusqu'à 50 000 «24 pages» en 24 heures (le standard est de 4-6 pages). Cette mutation est renforcée par le passage de l'énergie vapeur à l'énergie électrique au tournant du siècle. Les progrès de la composition mécanique réduisent les temps de fabrication : la Linotype (1884) conquiert le marché français à partir de 1898 ; le monotype* (1896) et le typographe (1900) complètent la modernisation de ce secteur. Le perfectionnement des techniques photographiques transforme l'illustration. L'héliogravure* et l'offset* favorisent eux aussi la rationalisation et l'accélération des méthodes d'impression, permettant, en 1890, la sortie du premier numéro en couleur du *Petit Journal*. Par ailleurs, la transmission de nouvelles par fil entraîne un grossissement du volume d'information écrite, puis photographique grâce au bélinographe (1907), donc la mutation du produit journalistique. Même si les journaux du soir recourent encore aux pigeons pour obtenir rapidement cours de la Bourse et résultats sportifs, la généralisation du pneumatique* (vers 1900) permet à son tour une optimisation de la circulation d'information. Enfin, l'extension du réseau de chemin de fer et la voiture, associés au perfectionnement des services d'expédition, aident à la rationalisation de la distribution (messageries Hachette).

B. Un secteur industriel

Appelées et entraînées par le gonflement des tirages, ces mutations techniques suscitent la constitution d'un véritable secteur industriel et d'une concurrence accrue. Le patron de presse devient entrepreneur. La notion d'artisanat s'évapore à mesure que le journal devient un produit de consommation courante et massive. Les quotidiens d'envergure nationale deviennent d'authentiques entreprises. Ils emploient des centaines de rédacteurs, d'ouvriers-typographes,

jouissent d'une influence redoutable, capable d'étouffer ou de faire l'événement, qui favorise aussi la vénalité…
Ainsi, en 1914, *Le Petit Parisien* emploie 845 personnes (dont 450 correspondants de province et 75 rédacteurs à Paris). Ses vastes locaux de la rue d'Enghein comprennent imprimerie et rédaction. Son tirage monstre – passé de 100 000 en 1884 à 1,45 million en 1914 – lui assure une assise permettant de développer un vaste groupe de presse. Il inonde le marché de périodiques spécialisés parmi lesquels : *Le Monde inconnu* (illustré, 1884), *L'Agriculture nouvelle* (1891), *Nos loisirs* (1906), *Excelsior* (quotidien illustré, 1910), *Le Miroir* (illustré de photographies, 1910), *La Science et la Vie* (1913).

C. Une demande sociale forte

Cette évolution est déterminée par la très forte croissance du volume d'achat. Si 322 quotidiens parisiens et provinciaux existent en 1914, c'est que les Français les lisent toujours plus : de 37 exemplaires pour 1 000 habitants en 1870, le taux est passé à 244 en 1914. Cette conquête des masses est permise par la transformation des mentalités : aspiration grandissante à une information locale, nationale, internationale ; amélioration continue du niveau d'instruction, progrès de la conscience civique, existence d'un débat politique démocratique, ouverture au monde grâce à la révolution des communications et de l'instruction. La baisse moyenne de 50 % du coût d'achat entre 1871 et 1914 ne fait que raffermir cette dynamique.
Cette combinaison causale détermine en profondeur le phénomène social, culturel et économique de la massification des médias écrits. Elle inscrit le journal dans le quotidien de toutes les couches sociales. Désormais, tout le monde – chacun en fonction de ses affinités – achète son quotidien au kiosque, chez le libraire, dans la rue auprès du colporteur, avant de prendre le train, dans les bibliothèques de gare qui fleurissent à partir des années 1870.
En dernier ressort, il faut donc définir la croissance en intégrant les éléments essentiels que sont le contenu du journal et le rôle du journalisme auprès de l'opinion.

D. La « naissance » du journalisme

Le journalisme devient une profession et le journal un *produit* pensé en fonction des aspirations et des besoins des lecteurs, et réalisé selon le panel élargi des techniques journalistiques.

a. La constitution d'une profession

«*Journalisme, n.m. I. État du journalisme. II. Influence, moyen d'action des journaux : le JOURNALISME est puissant en toutes choses.*» Telle est la définition du *Dictionnaire Encyclopédique Larousse* dans son édition de 1904. Une définition problématique (la puissance), mais avant tout : une définition, alors même que l'édition du même ouvrage se contentait, en 1866, d'assimiler «journaliste» et «écrivain». Le journalisme n'était pas alors considéré comme un métier. Pratiqué jusque-là par des «amateurs aux origines contrastées», souvent hommes de lettres, il ne pouvait prétendre au statut de profession (Ch. Delporte, 1995). Vers 1890-1900 en revanche, le journaliste devient un professionnel. Il doit satisfaire les demandes du public et répondre à une exigence mercantile : aider au maintien des tirages. Quand le journal devient une entreprise, le journaliste gagne donc ses galons. Le milieu, très masculin, ne cesse de s'étoffer (4 000 journalistes en 1890, 6 000 en 1900) et créer les cadres de la corporation (syndicats, associations). Dans la foulée est fondée la première école de journalisme : l'ESJ (École Supérieure du Journaliste, 1899), cependant que les rédactions se spécialisent et se hiérarchisent (rédacteur, secrétaire de rédaction, rédacteur en chef, chef de service). Cet univers professionnel à la fois tributaire et responsable de l'évolution des techniques journalistiques contribue à la conquête du grand public.

b. L'information : un produit

Lucien Hébrard, directeur du *Temps* disait à ses journalistes : «Faites emmerdant.» Cette expression passée à la postérité pour sa franchise suggère *in fine* qu'au tournant du siècle l'expansion de la presse est liée à la capacité des rédacteurs d'écrire en fonction des attentes d'un public exigeant, d'élargir leur registre de compétences ; règle qui permet de respecter l'identité du journal tout en assurant, sinon sa croissance, du moins sa survie dans un univers saturé de titres.

Dans les années 1830-1880, la presse grand public vit pour beaucoup sur la publication des très populaires romans-feuilletons (ceux de E. Zola, E. Sue, A. Dumas, G. Sand notamment) et sur les chroniques. Ces rubriques reçoivent toujours les suffrages du public. Mais de nouveaux éléments s'y agrègent : la multiplication des rubriques (depuis la vie des finances jusqu'aux faits divers en passant par le sport), les reportages (expéditions scientifiques, guerres…), les enquêtes (faits divers, vie politique avec recherche du scoop), les interviews, l'illustration (photographie, dessin, caricature), la modernisation de la mise en page, le travail sur les titres. Pourtant et en guise d'exemple, ce n'est pas seulement parce que le journaliste Stiegler du *Matin* se lance sur les traces de Philéas Fogg en 1901, bouclant son tour du monde en soixante-trois jours, que la presse conquiert à ce point le grand public. Un dernier facteur entre en jeu : sa fonction de caisse de résonance de l'opinion, qui permet à « la politique nationale [d'entrer] au village » (Cazenave, 1994).

E. Presse et politique

La presse française révèle une forte tradition tribunitienne, un lien étroit entre journalisme et politique qu'a renforcé la loi de 1881. Nombre d'hommes politiques sont journalistes. Dans de nombreux cas d'ailleurs, le journalisme mène à la politique, au point que P. Albert suggère qu'il fut une « antichambre du Parlement » (1973). Ainsi Lucien Hébrard siège au Sénat de 1879 à 1897. André Tardieu, journaliste au *Temps* et à *l'Aurore*, est député en 1914 et ministre après-guerre. Sur l'autre versant, Clemenceau est un patron de presse patenté (*l'Aurore, l'Homme Libre*), Jaurès écrit dans *La Dépêche de Toulouse* puis dirige l'*Humanité*, Drumont crée *La Libre Parole*, Millerand écrit dans *La Justice, La Petite République*…

L'influence de la presse sur l'opinion, cette idée de « Quatrième pouvoir » brandie parfois avec un peu trop d'empressement, doit, pour cette période, être ramenée à sa juste mesure (P. Albert, 1996). En revanche, sa politisation a une fonction dynamique dans la consommation massive de journal. Alors que la République mûrie se montre capable d'installer durablement la démocratie parlementaire, et dès lors de garantir le débat démocratique, le journal favorise en effet la consolidation des consciences citoyennes, politiques, et joue un rôle de « médiateur entre le public élargi des citoyens et le pouvoir politique » (F. Balle, 1997). Entre autres, l'éditorialiste politique joue une partition clé dans le domaine des controverses publiques, voire dans leur orchestration. Et c'est un fait que les joutes idéologiques par colonnes interposées occupent vers 1900 une place essentielle dans la popularisation et la pérennisation du journal, en particulier avec l'Affaire Dreyfus.

Archétype d'une guerre de la presse, « l'Affaire » entraîne la création de deux camps retranchés qui s'invectivent par éditoriaux et enquêtes interposés. À compter du moment où *La Libre Parole* révèle l'Affaire en 1894, puis, plus encore après que *l'Aurore* fait le pari de publier l'audacieux « J'accuse » d'Émile Zola (13 janvier 1898), dreyfusards et antidreyfusards s'affrontent devant les yeux de la France entière, y compris dans les grands organes d'information non politiques. Dans le premier camp, des titres souvent antisémites, nationalistes, cocardiers : *La Libre Parole, l'Autorité, L'Intransigeant, La Croix, Le Gaulois, Le Journal, Le Petit Journal* … Chez les dreyfusards : *l'Aurore, La Petite République, Le Siècle, Le Radical, La Fronde, Le Figaro*…

Si le déchaînement des passions politiques au cours de l'Affaire Dreyfus a pesé d'un grand poids dans l'histoire de la vie politique et intellectuelle du XXe siècle, il en va de même pour la presse qui accueille en ses colonnes des duellistes qui donnent naissance à la première grande guerre de l'écrit. « Avec l'Affaire Dreyfus, conclut Th. Ferenczi, la presse entre dans une nouvelle ère de son histoire […] et la presse se sera fait à travers toute cette agitation une place considérable dans la vie collective » (1993).

II. PANORAMA DE LA PRESSE EN 1914

En trente ans, le paysage de l'écrit a donc été bouleversé. Le nouveau journalisme a consacré le règne du « journal du jour » (parfois avec deux éditions, voire plus) ; un marché dominé, en 1914, par la presse d'information « non politique », dont l'univers s'est élargi depuis 1881 et dont les tirages sont les plus forts d'Europe.

	Titres Paris	Tirages	Titres Province	Tirages	Total tirages
1870	36	1,07 m°	100	0,35 m°	1,42 m°
1885	60	2 m°	250	1 m°	3 m°
1914	80	5,5 m°	242	4 m°	9,5 m°

A. Les « Quatre Grands » de la presse française

Les 80 quotidiens publiés à Paris en 1914 renvoient à un poudroiement de titres qui tirent pour la plupart quelques milliers de numéros, souvent moins. À la veille de la guerre, les « Quatre Grands » écrasent le monde des médias écrits de leur stature.

Fondé en 1863, ***Le Petit Journal*** a été l'un des premiers à proposer un journalisme distrayant fait d'enquêtes, de brèves, avec une préférence pour le sensationnel et les faits divers. Il passe la cap des 500 000 lecteurs en 1869 (grâce à la sordide Affaire Troppman) et s'assure un succès populaire durable avec l'introduction de pages couleurs en 1889 (passage du million de ventes en 1891). Mais après la réhabilitation du Capitaine Dreyfus, il paie les arriérés d'un antidreyfusisme trop ostensible. Des Quatre Grands, *Le Petit Journal* est le plus « national » puisqu'il vend 80 % de ses 800 000 exemplaires en province. Lancé en 1876, ***Le Petit Parisien*** – déjà évoqué plus haut – fonde sa puissance de vente sur la diversité de son contenu : rubriques, faits divers, romans feuilletons, correspondances de province, concours. Avec un tirage de 1,5 million, il représente, succédant là au *Petit Journal*, le groupe de presse le plus puissant en 1914 (d'ailleurs coté en bourse depuis 1893). Journal « d'informations télégraphiques, universelles et vraies », ***Le Matin*** (1884), s'enorgueillit en 1914, alors qu'il tire 900 000 exemplaires/jour, d'être « le journal le mieux informé du monde ». De fait, ses 150 rédacteurs usent avec profit des dépêches brutes. Mais la rédaction sait aussi monter de remarquables reportages : en 1903, l'écrivain et journaliste Gaston Leroux suit l'aventure de Nordenskjöld en Antarctique. Surtout, la direction a préservé au mieux l'indépendance politique du titre, évitant ainsi les pervers retours de bâton. Dernier des mousquetaires, ***Le Journal,*** créé en 1892 par Fernand Xau, est un de ceux qui assoie le plus ses ventes sur les feuilletons (Courteline, Allais), sur l'innovation technologique (premier des Quatre Grands à être composé sur Linotype). En 1914, ses rotatives impriment plus d'un million d'exemplaires par jour.

LES QUOTIDIENS PARISIENS, 1912

Répartition des 61 titres, dont les quotidiens sportifs

+ de 500 000	*Journal, Matin, Petit Journal, Petit Parisien*	73,8 % du marché
→ 500 000	*Croix, Écho de Paris, Excelsior*	10,32%
→ 100 000	*Éclair, Humanité, Intransigeant, Liberté, Libre Parole, Patrie, Petite Presse, Presse, Temps*	10,36%
→ 40 000	45 titres	5,52%

D'après, Albert P., *Documents pour servir à l'histoire de la presse*, 1977, p. 56-59

B. L'affirmation des quotidiens de province

Pléthorique est le monde des quotidiens de province. Il souligne la très forte aspiration à une information de proximité (tableau p. 16). À Marseille, en 1885, on lit *Le Petit Marseillais, Le Sémaphore de Marseille, Le Petit Provençal, Jeune République* et *Le Radical*. Toulouse compte alors dix titres et Lille quatorze ! Les tirages ne sont pas négligeables. Dès 1898, *La Petite Gironde*, comme une vingtaine d'autres titres, tire plus de 100 000.

Quelques titres publiés de 1914 : *Courrier du Centre (le), Dépêche de Lyon (la), Dépêche de Toulouse (la), Écho du Poitou (l'), Est Républicain (l'), Mémorial de la Loire, Messager de Toulouse (le), Ouest-Éclair, Petit Nantais (le), Petit Niçois (le), Populaire du Centre (le), Progrès de Lyon (le), Réveil du Nord (le), Sarthe (la), Yonne (l')...*

C. La presse politique

S'il existe quelques hebdomadaires spécialisés (*l'Opinion*, 1904 – *L'Œuvre*, 1908), le politique est encore et d'abord l'affaire des quotidiens. Quatre grandes tendances recouvrant de fortes nuances internes définissent la géographie de cette presse selon un arrêt sur image pris ici en 1910 :

- les courants conservateurs, parfois royalistes sont représentés par des titres aux tirages faibles à très faibles : *Le Gaulois* (1866, 20 000), *Le Petit Caporal* (1875, 350), *Le Soleil* (1873, 12 000) ;
- la presse de droite, teintée par un fort courant nationaliste, parfois antiparlementaire, diffuse des tirages plus conséquents. *La Libre Parole* (1892, 45 000), *L'Intransigeant* (1880, 76 000), *L'Action Française* (1907, 22 000). Une partie de la presse chrétienne peut y être assimilée : *La Croix* (1880, 300 000) ;
- le kaléidoscope des sensibilités républicaines (centre) compte des titres importants à l'information souvent rigoureuse : *Le Siècle* (1836, 4 000), *La France* (1861, 2 000), *Le Temps* (1861, 45 000), *La République Française* (1871, 4 000) ;
- à gauche, du radicalisme au socialisme, plusieurs titres émergent. Outre le défunt *Cri du Peuple* (1883), il y a *La Petite République* d'obédience radicale (1876, 41 000), mais surtout *l'Humanité*. Créé en 1905 après le congrès unificateur de la SFIO, c'est l'archétype, avec l'*Action Française* à droite, du quotidien politique d'opinion (60 000).

D. La diversification des supports de presse

Le dernier élément du début du XXe siècle est l'émergence d'une presse périodique spécialisée.

a. L'élan de la presse illustrée et photographique

Quand triomphent la photographie, l'affiche, le cinéma muet, la maîtrise de l'héliogravure permet de lancer des magazines illustrés de qualité. Succédant aux journaux illustrés de gravures du XIXe (*l'Illustration*, *Le Monde Illustré*), *Excelsior*, lancé en 1910, est le premier exemple d'un quotidien agrémenté de clichés noirs et blancs. L'image illustre aussi les numéros dominicaux des quotidiens. Enfin, évolution importante, si la photographie apparaît, les dessins sont de plus en plus souvent polychromiques, surtout dans les suppléments des Quatre Grands, mais aussi chez les nombreux représentants de la presse satirique (*l'Assiette au Beurre, Le Rire, Le Cri de Paris, Ruys Blas…).* Témoignant de la faveur de l'image auprès du public, *l'Excelsior* tire 109 000 exemplaires après deux ans d'existence.

b. L'émergence d'une presse spécialisée

Parallèlement s'affirme un secteur spécialisé déjà inscrit en germe depuis les années 1850. Se développent : la presse enfantine (*Mon journal*), agricole (*l'Ami des campagnes*), les bandes dessinées (*l'Intrépide, l'Illustré amusant*), mais encore :

• une presse féminine : *Fémina, La Revue Féminine, La Femme de l'avenir, L'Abeille ;*

• une presse *littéraire*. Certains titres spécialisés dans la critique et la recension théâtrale, tel le quotidien *Cœmedia* (1907, 30 000 en 1910) peuvent tirer fierté de tirages substantiels ;

• une presse sportive née à la fin du XIXe (*Le Vélo* et *l'Auto-Vélo*, 1898) capable de créer l'événement comme lorsque le quotidien *l'Auto* (1902) lance le « Tour de France » en juillet 1903. En 1909, les 26 titres de la presse sportive parisienne, dont pas moins de 8 quotidiens, ont des tirages allant jusqu'à 50/100 000 (*Les Sports, l'Auto*).

◆ Pour aller plus loin

AMAURY (F.), *Histoire du plus grand quotidien de la IIIe République :* Le Petit Parisien, 1972 – FERENCZI (Th.), *L'invention du journalisme en France*, 1993 – KALIFA D., *L'Écrit et le sang. Récit de crime et société à la Belle Époque*, 1995 – KAYSER (J.) dir., *La Presse de province sous la IIIe République*, 1968.

3. LA TOURMENTE, 1914-1918

La guerre rompt l'harmonie des années 1900. Le grand chambardement ressuscite la censure, la propagande, et transforme le visage de la presse nationale.

I. CENSURES ET LECTURES DE GUERRE

Figurée sous les traits d'une vieille femme sans état d'âme nommée Anastasie, la censure sévit dès l'été 1914. Pour éviter les indiscrétions susceptibles de renseigner l'ennemi, pour prévenir tout désordre, le parlement interdit les publications pouvant avoir « une influence fâcheuse sur l'esprit de l'armée et le moral des troupes » (4 août 1914). Avec la loi de 1849 qui permet à l'autorité militaire d'interdire textes et réunions de « nature à susciter le désordre », cette décision débouche sur une censure contextuellement légitime, mais qui devient vite chicanière, incohérente, intervenant dans le domaine politique au nom de la sacro-sainte cause de l'Union Sacrée et de la défense nationale. Le *Bureau de Presse* épluche les morasses*. Les journaux mal pensants doivent échopper* pour ne pas risquer, tel *l'Homme Libre* où Clemenceau parle « d'abus de pouvoir » (septembre 1914), la suspension. Rares sont les provocateurs, sinon ceux qui en ont la stature et l'audace : Clemenceau justement ! qui ressort son journal sous le titre *l'Homme Enchaîné*. Du reste, lorsqu'il passe aux affaires (1917), si les journalistes accèdent enfin au front, la censure ne desserre que timidement son étau.
Autre fille de la guerre : la propagande. Dans le souvenir cuisant de la défaite de 1870, au nom de la guerre psychologique, du « bourrage de crâne », diabolisation de l'ennemi et fausses nouvelles colonisent les Unes. Dès octobre 1914, *Le Petit Parisien* assure crânement que les invulnérables poilus ne craignent plus les mitrailleuses allemandes ! *L'Action Française, l'Écho de Paris* et bien d'autres célèbrent un nationalisme héroïque qui satisfait surtout les plumitifs de l'Arrière. Une poignée de titres incarnent l'antimilitariste, le pacifisme, mais sous la quotidienne menace d'Anastasie (*l'Humanité, Le Canard Enchaîné, Le Journal du Peuple* notamment).
Aussi l'incompréhension s'installe très vite entre cette presse civile et les préoccupations des troupes. Les poilus ne se reconnaissent pas dans cette propagande véhémente, mensongère. Elle ne parle

pas de leur quotidien. Ils s'inventent alors leur propre presse, celle des tranchées. Feuilles éphémères (*La Mitraille, Face à l'Est, On les aura, L'Écho des Gourbis, Le Bochofage, La Hure Joviale, l'Artilleurs Déchaîné,* etc.) ou d'envergure (*Le Crapouillot* ou *Le Poilu* qui tire jusqu'à 30 000) ces titres sous haute surveillance disent l'enfer de la boue et du feu. Ils disparaissent avec la paix.

II. UNE TECTONIQUE DE CRISE

Loin du front : la presse nationale. La baisse des revenus publicitaires, la diffusion désorganisée, le retour à deux pages et la nécessaire augmentation du prix des quotidiens en 1917 (10 centimes) entraînent : d'une part, la disparition de 40 % des titres parisiens (48 en 1918 pour 80 en 1914) ; d'autre part, la réunion des Quatre Grands, de *l'Écho de Paris* (430 000 en 1917), d'Hachette et Havas qui s'essaient à une gestion commune avec des vues monopolistiques sur l'après-guerre.
Période faste pour les Grands : ils crèvent le plafonds des ventes en 1917 et maintiennent 4 millions d'exemplaires cumulés en 1918. Période faste pour les titres cocardiers (*l'Intransigeant*, *l'Action française*), pour la presse du rire et de la grivoiserie anxiolytique (*La Vie Parisienne, Le Rire, La Baïonnette*). Période faste enfin pour une initiative anticonformiste : le *Canard Enchaîné*, créé en 1915 et seul journal pérenne né de la guerre.
Autre grande gagnante de la guerre : l'image. Sanctifiée par la charge affective qu'elle porte, la photographie sort grande lauréate du conflit. *l'Illustration, Excelsior, Le Miroir, L'Image de la guerre, J'ai vu, Sur le Vif, La Guerre Illustrée, La Guerre Photographiée* publient des dizaines de reportages au cœur du drame, sollicitant parfois les poilus eux-mêmes, qui se sont familiarisés avec le populaire « Vest Pocket » de Kodack. L'image investit l'information de guerre, lui donne de la chair et dès lors gagne pleinement sa place dans les médias écrits.
La guerre a donc nourri de juteux bénéfices. Mais le bilan est finalement très mitigé. Les chiffres d'ensemble montrent en effet une baisse très sensible des tirages quotidiens nationaux. Dans la tension guerrière, ils explosent d'abord : de 5,5 millions en 1914 à 8,2 en 1917. Puis ils chutent : 6,4 millions en 1918 et 4,4 millions six ans plus tard. Ainsi l'âge d'or de la presse, lui aussi et malgré tout, se pare à son tour d'un voile endeuillé…

4. DE LA TSF À LA RADIO

I. DE LA TÉLÉGRAPHIE À LA TÉLÉPHONIE SANS FIL

À la fin du XIXe siècle, une série de recherches menées dans plusieurs pays d'Europe aboutit à la naissance de la télégraphie sans fil.

1864	L'Écossais J.C. Maxwell propose une théorie des ondes électromagnétiques
1886-87	L'Allemand H. Hertz découvre et produit les ondes hertziennes
1890	Le Français E. Branly met au point le premier radioconducteur qui permet de détecter les ondes hertziennes
1899	L'Italien G. Marconi effectue la première liaison internationale entre Douvres et Wimereux

Une seconde étape permet de passer à la téléphonie sans fil. L'Américain Lee De Forest, inventeur de la lampe à triode ou audion (qui transmet et reçoit la voix humaine), réalise en 1908 sa première expérience en France en diffusant du haut de la tour Eiffel de la musique émise par un phonographe. En 1910, il transmet le chant de Caruso depuis le Metropolitan Opera à New York sur vingt kilomètres. Ce type de communication attise d'abord l'intérêt des militaires et des compagnies de navigation. Dès 1905, la TSF est expérimentée sur les bateaux commerciaux par la Marine nationale. Dans les colonies (Afrique, Indochine) de puissantes stations radiotélégraphiques sont créées.

Avec la Grande Guerre, le rôle de la TSF s'affirme. Le ministre de la Guerre, A. Millerand, confie au commandant Ferrié, qui dirige la station de la tour Eiffel, la mission d'améliorer les liaisons de l'État-major et du front. Un immense effort est entrepris par la Télégraphie Militaire pour fabriquer en série du matériel d'émission et de réception. Durant la bataille de Jutland (mai 1916), les bateaux anglais ayant reçu du renfort grâce aux liaisons radios mettent en échec les escadres allemandes. Dès lors une puissante industrie se développe, comme dans toute l'Europe et aux États-Unis, épaulée par la Société Française de Radioélectrique et la Compagnie Générale de Télégraphie sans fil fondée en 1918.

II. LA NAISSANCE DE LA RADIO

Les premières émissions à destination du public sont diffusées en France en 1921 (un an après les États-Unis) tandis des amateurs d'innovations, surnommés les sans-filistes ou galénistes, bricolent les postes à galènes et se regroupent dans des associations et en particulier dans des radios-clubs. Dès 1922, de multiples initiatives publiques et privées font éclore les premières stations sans que la question de leur statut ne soit tranchée. Au ministère des PTT qui souhaite appliquer le monopole des postes à cette nouvelle technique s'opposent les fabricants de matériels radioélectriques favorables aux stations privées.

L'émetteur militaire de la tour Eiffel diffuse des émissions régulières depuis décembre 1921 : chaque jour un sapeur du génie lit devant le micro un bulletin météorologique auquel s'ajoutent les cours de la Bourse. De même, l'École supérieure des PTT, grâce à un émetteur offert par la Western Electric américaine, lance dès 1923 les émissions de la Station Radioélectrique d'essai de l'École supérieure des Postes et Télégraphes, rue de Grenelle. E. Girardeau, président de la SFR, fonde en novembre 1922 Radiola, première station privée, afin de promouvoir les ventes des récepteurs du même nom. Il diffuse des « concerts Radiola », des bulletins d'informations qui consistent en une simple lecture des dépêches d'agence par l'unique speaker Marcel Laporte, surnommé Radiolo. En province, de nombreuses stations (Radio Mont-de-Marsan, Radio Toulouse, Radio Lyon) voient également le jour. Les premières émissions ont un caractère artisanal et sont encore intermittentes. Elles récompensent néanmoins les sans-filistes des difficultés que présente la réception. Capter un émetteur est une prouesse technique. Il faut régler les cadrans du récepteur au quart d'angle près, savamment orienter le cadre antenne avant de parvenir à entendre les premiers crachotements signalant la proximité d'une émission.

◆ Pour aller plus loin

AMOUDRY (M.), *Le Général Ferrié et la naissance des transmissions et de la Radiodiffusion*, 1993 – DUVAL (R.), *Histoire de la radio en France*, 1979 – POUZOLS (B.), *Quand la radio s'appelait TSF*, 1982. – ULMANN-MAURIAT (C.), *Naissance d'un média*, 1999.

5. UNE PRESSE EN TRANSITION

De 1920 à 1939, sous l'influence de facteurs économiques, politiques, culturels et techniques, l'univers des médias écrits se modernise, s'étoffe, se spécialise et change de visage.

I. LES PRINCIPALES ÉVOLUTIONS

A. Les quotidiens : un marché saturé

La guerre et la hausse des prix en 1917 ont en partie brisé le dynamisme d'avant-guerre. Le recul de 1917-1918 (de 8 millions à 6,4 millions d'exemplaires) se confirme avec un tirage de 4,4 millions en 1924. Ce n'est qu'en 1939 qu'est à nouveau atteinte la diffusion de 1914 (5,5). Parallèlement s'opère une nouvelle concentration du nombre de titres : 40 en 1919, 31 en 1939. Du reste, ce recul doit être relativisé par la croissance de la moyenne des tirages : en 1939, quatorze quotidiens nationaux tirent à plus de 100 000, contre sept en 1914. Autre élément de pondération : quoique le prix des quotidiens passe, par paliers, de 10 centimes en 1918 à 50 centimes en 1939, les Français continuent de les lire, ce que confirme la forte croissance des titres de province, moins nombreux eux aussi, mais imprimant 6 millions d'exemplaires pour 4 en 1914. Enfin, certains titres établissent toujours des records de tirage. Ainsi *Paris-Soir* flirte avec la barre des 2 millions en 1939. En outre, plusieurs quotidiens d'information, aux succès plus ou moins éphémères, sont fondés, tels *l'Ami du Peuple* (1928) et *Paris-Midi* (1930). Les années 1920-1939 ne sont donc pas exsangues, mais le marché de l'information quotidienne marque le pas.

B. Un univers en mutation

La chute d'audience des Cinq Grands symbolise la saturation du marché. Supérieurs à 3,5 millions en 1918, leurs tirages cumulés chutent à 2 millions en 1939. Plusieurs éléments endogènes et exogènes contribuent à cette évolution et déterminent une mue en profondeur de l'identité de la presse.

a. Une crédibilité entamée

Révélée par plusieurs affaires à la fin du XIXᵉ siècle, la question de la vénalité redevient d'actualité avec l'affaire des emprunts russes. En 1920, il est prouvé que de grands titres, jusqu'au très sévère *Temps,* ont touché des pots de vin avant-guerre pour promouvoir l'actionnariat du Transsibérien. En 1931, la mort de Louis Mill, directeur-gérant du *Temps*, entraîne la révélation de l'inféodation du titre au Comité des Forges. En 1933-1934, l'Affaire Stavisky (courtier en publicité qui verse 1,1 million à la presse), décrédibilise un peu plus le milieu. *Le Populaire* lui-même, quoique de gauche, touche 200 000 francs du groupe Boussac… En 1936, l'Affaire Salengro finit de jeter une «ombre pernicieuse sur le tableau idyllique» d'un âge d'or révolu (R. Rieffel, *l'Élite des journalistes*, 1984). En novembre, à l'issue d'une campagne diffamatoire orchestrée par les titres d'extrême droite, surtout l'*Action Française* et *Gringoire*, le ministre de l'Intérieur de Léon Blum, illégitimement accusé d'avoir déserté en 1915, se suicide. *Le Populaire*, organe de la SFIO, titre : «Ils l'ont tué ! Fascisme assassin.» C'est l'ultime scandale, qu'amplifie l'échec de Blum – qui souhaite alors nationaliser la presse pour préserver sa liberté – à faire voter une loi préventive (1936-1937).

b. Un nouveau style, des pressions économiques

Cependant, la fin de l'âge d'or de la presse quotidienne d'avant-guerre tient plus à l'importante mutation des genres journalistiques qu'à la perte de confiance qui ressort de ces affaires. La modernisation technique (procédés de reproduction, de tirage ; amélioration et accélération de la transmission de l'information écrite et de l'image) encourage une mutation stylistique et une plus grande spécialisation des journaux. Les nombreux titres de la presse périodique concurrencent sérieusement les quotidiens. Les quotidiens entre eux, anciens et nouveaux, politiques ou d'information générale, se livrent eux aussi une guerre d'audience. Dans la seconde moitié des années 1930, cette rivalité interne se complique de la concurrence de la radio. À terme, l'attraction démultipliée des sources d'information et la diversification des contenus fractionnent les lectorats et accentuent la pression économique pesant sur les entreprises de presse. L'instabilité est encore renforcée par la crise économique (baisse des revenus publicitaires, des ventes - hausse du prix du papier, des machines performantes) et par la croissance des coûts de fabrication, que déterminent la gourmandise d'une technicité toujours plus exigeante et la spécialisation des genres – celle-ci entraînant en dernier ressort un gonflement des masses salariales.

Au regard de ce qu'elles étaient en 1914, les conditions d'existence du journal sont donc altérées en profondeur par la diversification de la presse et la pression économique.

C. Des pratiques de lecture variées et nouvelles

Cette forme de précarité renvoie enfin à des causes culturelles. Devant la multiplicité des choix, en fonction de ses goûts, du contexte, le lecteur devient infidèle. Ainsi, *Le Figaro* qui tire 40 000 en 1924, 50 000 en 1928, subit une chute brutale à 15 000 (1930) puis se redresse avec 90 000 en 1939 en ayant profité de l'apport du lectorat du défunt *Le Jour-Écho de Paris*. De son côté, *l'Ami du Peuple*, lancé en 1928 par le riche parfumeur Spoturno – dit Coty –, vend très vite 800 000 pour chuter à 175 000 en 1936, avec l'aide, il est vrai, d'une cabale des Cinq Grands… Ainsi, ajoutée à la concurrence, l'attitude du public, plus instable et exigeante qu'avant-guerre, marque la fin de la confiance inaltérable dans la génération pionnière des grands quotidiens. L'élargissement du champ de l'information fait que le journal n'est plus « une lecture, mais un choix de lecture » qui peut toucher, par la variété de ses articles, « le plus grand nombre » et « intéresser tous les membres de la famille » (P. Albert, 1996). Ceci explique, d'une part, le succès croissant, durant les années 1930, des magazines et des hebdomadaires ; et d'autre part, la vigueur de la presse de province qui a gagné en qualité informative et à laquelle le public, friand d'informations locales, s'est de plus en plus attaché.

II. L'UNIVERS RÉNOVÉ DES QUOTIDIENS

A. La presse d'information nationale

a. Le dernier round des « Grands »

Après-guerre, les Cinq Grands prorogent le consortium né durant le conflit pour préserver leur quasi monopole sur le marché. Mais leur gestion commune (publicité, distribution) avec Havas périclite : d'une part, l'agence entretient des liens concurrentiels avec la presse de province, d'autre part le *Petit Parisien* a toujours des ambitions propres, enfin le blocage d'expansion inhérent à cette stérilisation de la concurrence est mal vécu. Au début des années 1930, l'accord n'est qu'une bogue vide. À l'exception du *Petit Parisien* qui ne perd *que* 30 % de ses lecteurs (avec un tirage d'un million en 1939) et maintient un gros groupe de presse tout en se lançant dans l'aventure radiophonique (Le Poste Parisien), les Grands subissent une hémorragie d'audience. Un engagement politique trop marqué, une mise en page trop traditionnelle (rôle de la photographie en particulier) marquent leur déclin. Déjà engagé à droite, en 1937 *Le Petit Journal* passe sous la coupe du Colonel de La Rocque et des Croix de Feu. Fragilisé depuis la guerre, il s'effondre et n'occupe plus en 1939 que le neuvième rang des quotidiens (80 % de perte d'audience depuis 1918, 175 000). En dépit de sa fusion en 1937 avec *Le Jour*, *l'Écho de Paris* perd 60 % de son public (180 000). Les lectorats du *Matin* et du *Journal*, moins clairsemés, font encore illusion. Mais ils accusent un recul du même ordre. Très engagé à droite, *Le Matin* ne tire plus qu'à 400 000. Sur une ligne voisine, *Le Journal* affiche 300 000. Ces titres sont encore affaiblis par un double phénomène : la création de nouveaux quotidiens qui laminent leur audience et imposent un nouveau type de journalisme ; la vigueur des organes politiques, dopés par la tension des années 1930.

TITRES NATIONAUX LES PLUS LUS EN 1939

Paris-Soir (1 739 000), *Le Petit Parisien* (1 022 000), *Le Journal* (411 000), *l'Humanité* (349 000), *Le Matin* (312 000), *Ce Soir* (262 000), *L'Œuvre* (236 000), *Le Jour-Écho de Paris* (183 000), *Le Petit Journal* (178 000), *Le Populaire* (157 000), *La Croix* (142 000), *L'Intransigeant* (134 000), *Excelsior* (132 000), *Paris-Midi* (102 000).

Source : ALBERT P., *Histoire générale de la presse*, t. 3., 1973, p. 511

b. La Révolution *Paris-Soir*

L'aventure *Paris-Soir*, une des plus grandes entreprises de presse du XXe siècle, est emblématique de la révolution journalistique amorcée. En 1930, fort de sa récente expérience avec *Paris-Midi*, Jean Prouvost, un industriel du Nord, lance une entreprise qui bouscule l'équilibre du marché, accentue par sa nouveauté la crise de désaffection des grands et révolutionne la forme du journal.

Après avoir racheté *Paris-Soir* (un quotidien de gauche de 60 000 lecteurs), il lui offre une équipe jeune, dynamique, comprenant notamment Pierre Lazareff. Son objectif est de détrôner le principal quotidien du soir, *l'Intransigeant* (400 000) et d'obtenir une aura extra-nationale. Pour répondre à cette gageure, Prouvost mise d'abord sur la photographie, une des clés de son succès. Il crée un service spécialisé, équipe ses reporters de bélinographes portatifs. Loin du *Figaro* qui s'habille timidement de photos en 1932, *Paris-*

Soir fait déjà 50 % de sa Une grâce à l'image. Ainsi, en mars 1933, ses lecteurs découvrent en exclusivité Hitler dans sa résidence de Bavière. En outre, Prouvost parie sur la multiplication des rubriques (le sport et les pages féminines sont très prisés), sur une organisation rationalisée des informations (sur 16 pages contre 6 au départ) et la multiplication des correspondants. Il insiste sur la qualité des titres, valorise les reportages chocs, les scoops signés par des ténors tel Albert Londres. Prônant le précepte de la rapidité de l'information, il impose aussi de coller au plus près de l'actualité. En 1938, il envoie 40 collaborateurs, 10 voitures, 8 motos et un avion sur le Tour de France ! Enfin, pour distinguer mieux encore *Paris-Soir,* il impose une neutralité politique désormais étrangère à la plupart des titres informatifs. De fait, plus rassurant et optimiste que la moyenne, son contenu le conduit à une prospérité instantanée : 134 000 en 1931, 430 000 en 1932, 1 million en 1933, 1,8 million en 1936, 1,7 million en 1939 (soit 30 % du marché des quotidiens parisiens). De plus, l'énergie conquérante de *Paris Soir*, ne s'arrête pas là. Elle est couronnée par les autres succès de Prouvost : les irrésistibles ascensions des périodiques *Match* (1938) et *Marie-Claire* (1937).

B. Politique et politisation : un poids accru

Devant le regain des tensions internationales et nationales, la montée des extrêmes, la politisation des quotidiens se renforce et influe sur le marché de la presse. Celle-ci est illustrée par les inflexions conservatrices de nombreux titres, jusqu'au *Temps* qui fustige peu les régimes totalitaires et fait preuve – trait d'époque répandu – d'une nette indulgence pour l'Italie mussolinienne. C'est aussi l'influence du contexte politique qui explique le doublement des tirages de *l'Humanité* de 1930 à 1939 (173 000 à 320 000). En 1939, les deux organes PCF (*L'Humanité*, *Ce Soir*) tirent à 611 000, soit 11 % du marché. Avec *Le Populaire*, les organes socialiste et communiste occupent 14 % du marché parisien, 12 % de plus qu'en 1914 ! Quant aux radicaux : appuyé sur *Le Quotidien* dans les années 1920, puis *l'Œuvre* et ses 236 000 exemplaires (1939), ils disposent également de vigoureux relais régionaux : *La Dépêche de Toulouse* (260 000) ou *Le Progrès de Lyon* (220 000).
Ainsi la presse politique ou politisée occupe une place grandissante et renvoie l'image d'une incontestable vitalité en matière de création de titres. L'emblème en est *Ce Soir*, quotidien communiste lancé en

1937 pour concurrencer *Paris-Soir* (262 000 en 1939). Il faut enfin souligner l'importance de la création de périodiques très engagés, aux destins moins mémorables certes, mais qui, transformation des habitudes de lecture aidant, entament la faculté de développement du marché des quotidiens d'information (cf. *infra* point III. A).

C. La presse régionale

Exception faite du cas *Paris-Soir* et des rares quotidiens d'information restés neutres, la presse régionale entame elle aussi la capacité de développement des titres nationaux. Certes, elle ne compte plus que 175 titres en 1939 contre 242 en 1914. Mais son tirage a fortement progressé (6 millions) et 10 titres diffusent plus de 150 000 exemplaires en 1939 (*cf.* tableau ci-dessous). Parfois très politisée, comme *La Dépêche de Toulouse* ou *La Montagne* (« Quotidien régional des gauches » du sud du Massif central), la presse de province sait répondre aux besoins de la modernisation (photos, diversité de l'information) tout en menant à bien sa mission localiste, telle *La Petite Gironde* et ses 22 éditions !

L'Ouest-Éclair (Rennes, 350 000), *La Petite Gironde* (325 000), *L'Écho du Nord* (300 000), *La Dépêche de Toulouse* (260 000), *Le Progrès de Lyon* (220 000), *Le Réveil du Nord* (200 000), *Le Petit Dauphinois* (Grenoble, 200 000), *La France de Bordeaux* (180 000), *Le Petit Marseillais* (150 000), *Les Dernières Nouvelles de Strasbourg* (150 000)…

III. LES PÉRIODIQUES À L'AVANT-SCÈNE

Une autre caractéristique de l'entre-deux-guerres est l'émergence d'un vaste marché périodique : hebdomadaires politico-culturels, magazines d'information ou de divertissement spécialisés. L'ampleur prise par ce secteur explique pour une part la stagnation et la métamorphose du profil des quotidiens. Uniment, elle illustre la transformation des pratiques de lecture.

A. Les périodiques culturels et politiques

L'univers des périodiques politiques et syndicaux, foisonnant, est constellé de titres plus ou moins corporatistes, qui tirent quelques milliers ou quelques dizaines de milliers d'exemplaires. En 1938, la *Jeunesse Ouvrière Catholique*, organe de la JOC, bimensuel révélateur de la santé de la presse catholique, tire à 130 000. Dans un autre registre, *La Tribune des fonctionnaires* tire à 340 000. Remarquable est également le développement de la presse communiste et cégétiste qui distribue de nombreux et solides titres à la fin des années 1930 : *La Russie d'Aujourd'hui* (100 000), *La Vie ouvrière* (185 000), *Le Métallo* (235 000), *Femmes* (60 000), *Regards* (95 000).

Évoquons encore le cas particulier du *Canard Enchaîné*. Sans atteindre des sommets, ses tirages témoignent déjà d'un enracinement durable (225 000 en 1939).

Une autre trait d'époque est l'apparition d'hebdomadaires politico-littéraires d'extrême droite et de gauche à l'aura suffisante pour participer activement au débat politique national.

- À droite : *Candide* (1924), *Gringoire* (1938), *Je Suis Partout* (1930), *La Flèche* (1934). Véritable force de la presse de droite, ces hebdomadaires tirent ensemble à plus de 850 000 en 1936 !
- À gauche, *Vendredi* est lancé en 1935. Il fait figure d'organe de réflexion du Front populaire. Ses tirages cumulés avec *Marianne* (1932) et *La Lumière* (1936) ne représentent que 280 000 exemplaires en 1936. La force de la gauche se situe plutôt dans ses quotidiens.
- La mouvance démocrate chrétienne crée plusieurs hebdomadaires : *La Jeune République* (1920), *La Vie Catholique*, (1924), *Sept* puis *Temps Présents* (1934,1937).

Il faut enfin mentionner l'apparition de mensuels littéraires ou politico-littéraire, témoins de l'effervescence intellectuelle et artistique de l'époque : *la NRF* (1919), *Les Nouvelles Littéraires* (1922), *Esprit* (1932), notamment.

B. La presse magazine

Déjà inscrite en germe avant-guerre, l'affirmation de la presse magazine, en particulier à la fin des années 1930, est la dernière grande particularité de l'entre-deux-guerres. Elle influence elle aussi la forme des quotidiens (mise en page), tout en révélant les nouvelles préoccupations du public, à l'instar de la création du premier magazine radio, en 1928, *Mon programme*.

a. L'image gagnante

Les années 1920-1930 voient la consécration de la presse illustrée. Outre l'illustration couleur, la photographie colonise la plupart des périodiques ; au point qu'à la fin des années 1930, la presse dans laquelle l'illustration photographique est centrale définit déjà le profil plusieurs millions d'exemplaires périodiques.

b. Un éventail de titres toujours plus large

Les magazines illustrés offrent plusieurs exemples d'incontestables réussites. Outre *l'Illustration*, véritable institution dont les tirages avoisinent 200 000 en 1939 (400 000 pour les numéros spéciaux), d'autres titres *photographiques* créés dans les années 1930 s'installent : *Miroir du Monde*, *Regards, Miroir des Sports*, *La Petite Illustration, Photomonde, Voilà, Vu*… Ici encore, l'exemple emblématique est lié à Jean Prouvost. En 1938, il achète *Match*, un hebdomadaire sportif de moyenne envergure (80 000), le transforme et le modernise sur le modèle du magazine américain *Life* : nombreuses photos, accroche événementielle, bonne qualité informative générale et écriture soignée. Le résultat est fulgurant. Trois mois après le rachat, en octobre 1938, *Match* tire 450 000 exemplaires. Un an plus tard, 1,4 million de Français l'achètent !
Outre le développement de la presse du cœur (*Intimité, Vénus, Allo Paris, Confidences*…), des magazines cinéma (*Ciné-Mag, Cinémonde, Ciné-Miroir*…), de la presse enfantine et pour les adolescents (*Magazine de Mickey, Ric et Rac, Hop-là*, *Benjamin*…), des hebdomadaires satiriques (*Le Merle Blanc, Marius, l'Os à moelle*…) ; outre la vigueur de la presse sportive spécialisée malgré la concurrence des rubriques spécialisées des quotidiens (*Foot-Ball*, *Coup-Franc*…) et l'énergie des magazines à sensation (*Faits Divers, Police et Reportage*, *Drame, Détective*…), la presse féminine se développe avec vigueur. Ici encore intervient Jean Prouvost, pionnier de la rénovation des formes journalistiques. En 1937, il crée *Marie-Claire*, le magazine le plus « tenta, tentata, tentateur… ». Avec son parti pris d'optimisme et la logique du *keep smiling* empruntée encore une fois aux Américains, il réussit à obtenir à des tirages jusqu'alors inédits dans ce domaine : 900 000.
Paris-Soir, Match, Marie-Claire : tous trois portent en germe de prochaines mutations. Mais la guerre porte là un coup d'arrêt et la plupart des 1 300 titres publiés en 1939 disparaissent avec elle.

◆ Pour aller plus loin

MAYEUR (F.), L'Aube, *étude d'un journal d'opinion*, 1966 – WINOCK (M.), *Histoire politique de la revue* Esprit, 1997 – BARILLON (R.), *Le cas* Paris-Soir, 1959 – SULLEROT E., *La Presse féminine*, 1963.

6. L'ESSOR DE LA RADIO

D'un média marginal et expérimental, la radio devient au cours des années 1930 un moyen de divertissement et une source d'information qui concurrence la presse écrite et qui éveille des intérêts politiques, financiers et industriels.

I. À LA RECHERCHE D'UN STATUT

A. Les tergiversations de la législation

La question du statut, qui s'est posée dès la naissance des premiers postes, au début des années 1920, devient prédominante. Si le régime d'organisation le plus répandu en Europe laisse le monopole des ondes à la puissance publique - l'Espagne et le Luxembourg étant les seuls à avoir un régime privé de radiophonie - la France affirme son originalité en faisant coexister les deux modèles. Dès l'origine, la législation est ambiguë. La loi de finances du 30 juin 1923 réaffirme le monopole, mais n'empêche pas les concessions à des postes privés. Le 24 novembre 1923, un décret distingue cette fois les récepteurs qui doivent simplement être déclarés (pour des motifs tenants à la défense nationale) et les émetteurs qui doivent obtenir une autorisation du sous-secrétaire d'État aux PTT pour avoir le droit de fonctionner. La question du statut n'est donc pas tranchée et le débat s'exacerbe avec l'arrivée aux affaires du cartel des gauches (1924), car les radicaux, en particulier Pierre Robert, nouveau sous-secrétaire d'État aux PTT, sont favorables au monopole. Cependant, il se heurte vite à l'industrie privée et au puissant syndicat professionnel des industries électriques (SPIR). Aucune décision d'importance n'est prise alors que 20 stations sont créées, dont 10 postes privés. C'est au ministère Poincaré qu'il revient de proposer un nouveau texte : le décret Bokanowski du 28 décembre 1926 est un brutal retour vers le monopole. Les radios privées sont toujours soumises à autorisation. Mais celle-ci est fondamentalement précaire puisque l'État prévoit de racheter les stations privées en 1933. Durant l'année 1927, de nouvelles autorisations peuvent être concédées. Mais le problème n'est pas pour autant réglé. En janvier 1928, le directeur de la radiodiffusion invite les postes privés à cesser leurs émissions. Il se heurte à leur refus d'obtempérer. Cet imbroglio juridique est finalement levé par la loi de finances de mars 1928 qui consacre l'existence des radios privées. Les postes les plus importants fonctionnant au 31 décembre 1927 sont autorisés à titre provisoire. La question du monopole est enfin réglée. Elle ne se reposera qu'au lendemain de la Libération.

B. Le double secteur et son essor

Au début des années 1930, il existe 13 postes privés.

- 4 à Paris : Radio Paris (qui a succédé à Radiola exploité par la Compagnie française de radiophonie), Le Poste Parisien, Radio LL (appartient au constructeur Lucien Lévy qui deviendra en 1935 Radio Cité), Radio Vitus (devenue le poste de l'Île-de-France) ;
- 9 en province : à Agen, Béziers, Bordeaux, Lyon, Montpellier, Mont-de-Marsan, Nice Juan-les-Pins, Nîmes et Toulouse.

Le développement de la couverture du territoire par les stations d'État est fixé dès 1931. Le réseau comprend Paris PTT et des stations régionales à Alger, Bordeaux, Lyon, Marseille, Toulouse Rennes, Montpellier, Lille, Strasbourg, Limoges et Grenoble, auxquels s'ajoutent la tour Eiffel et le poste colonial. En 1933, Radio Paris est racheté par l'État à la CFR.
Plus lente que dans certains pays d'Europe du Nord, la croissance du taux d'équipement des ménages n'en est pas moins constante. Le nombre de récepteurs déclarés passe de 1,3 million en 1933, à 4,7 millions en 1938 puis 5 millions en 1940. Mais ces chiffres ne reflètent que partiellement les pratiques radiophoniques. Le ministère des PTT estime qu'il y a 3,75 auditeurs pour un poste. Si on y ajoute les fraudeurs (15 à 20 % des foyers équipés), plus de la moitié des Français peuvent écouter la radio à la veille de la guerre (Méadel, 1994).

II. ORGANISATION ET GESTION DES RADIOS

A. Les associations d'auditeurs, 1919-1933

Les associations d'auditeurs et les radios clubs, animés par des bénévoles, jouent au départ un rôle fondamental dans l'organisation, la gestion et le développement de la radiodiffusion. Certains radios clubs comme celui de Fécamp ou de Mont-de-Marsan sont même à l'origine de la naissance de stations privées. Les associations d'auditeurs ont aussi un rôle important dans la mise en place du réseau d'État. Elles assurent la gestion des stations avec les crédits alloués par l'administration, les ressources publicitaires et surtout les cotisations des adhérents. Elles veillent à l'établissement des programmes, embauchent musiciens, speakers, comédiens et s'assurent du bon déroulement des émissions. Charge au service de radiodiffusion du ministère des PTT de gérer l'exploitation technique. Cette répartition des rôles est cependant remise en cause. La prise en compte par les pouvoirs publics de l'importance de l'information radiodiffusée à la lueur d'événements comme le 6 février 1934, les conflits entre les représentants des PTT et les membres des associations, la volonté d'accélérer le développement du réseau public sont autant de raisons qui incitent L'État à renforcer son contrôle administratf sur le réseau public.

B. Le renforcement du rôle de l'État, 1933-1939

La reprise en mains des postes du réseau national par l'État se fait progressivement, mais connaît une étape décisive avec l'action des ministres des PTT Georges Mandel (1934-36), puis Robert Jardillier sous le Front populaire.

L'instauration de la redevance en mai 1933 rend les stations publiques dépendantes de l'État pour leur financement. Elle les prive des ressources publicitaires (1935), mais aussi des cotisations des auditeurs. Les décrets du 10 août 1933, cherchant à « unifier les conditions d'exploitation du service public de radiodiffusion et à doter dans le domaine administratif, artistique et financier les stations émettrices de règles de fonctionnement uniforme » apparaissent aussi comme une reprise en mains. Désormais, le conseil d'administration des stations doit être tripartite : le ministre des PTT nommant les deux tiers de ses membres, les auditeurs regroupés en associations désignant l'autre tiers. Surtout le ministre de l'Information peut s'opposer à toute mesure décidée par l'assemblée, dissoudre l'association et contrôler le personnel artistique ou administratif. Avec des modalités différentes, les décrets pris ensuite en février 1935 et en octobre 1936 vont dans le sens de la réduction du pouvoir des pionniers. Un conseil supérieur de la radio est fondé. Dans chaque station régionale, un conseil de gérance assure la gestion artistique, le recrutement du personnel artistique, la gestion

administrative et financière du poste, l'établissement des programmes, l'exécution des décisions nationales du ministre. Composés d'un tiers de représentants élus par les auditeurs, les autres sont désignés par le ministre des PTT tout comme le Président et le vice-Président. Le ministère se réserve enfin le droit d'exiger la communication préalable des textes devant êtres diffusés.
En juillet 1939, un décret met définitivement fin à la gestion collective des postes. La radio devient une grande administration placée sous l'autorité directe de la présidence du Conseil.

III. QUELS PROGRAMMES ?

A. L'invention des programmes

D'abord intermittente, la journée radiophonique ne cesse de s'allonger. Jusque dans les années 1930, les postes émettent entre 2 et 5h par jour. À partir de 1935, certaines stations diffusent de 17 à 18h, voire plus le dimanche ; tandis que d'autres limitent leur programmation à une dizaine d'heures. Le nouveau média invente les notions d'émissions, de journées radiophoniques et l'agencement de diverses thématiques autour des grilles des programmes. Celles-ci commencent le matin avec des séquences musicales (disques), des revues de presse et nouvelles, de la culture physique, la météorologie. La soirée cède la place à un genre à part : les retransmissions intégrales de radio-concerts ou, plus rarement, de pièces de théâtre. Chaque poste cherche à se singulariser. Deux modèles se différencient. Dès 1922, les stations d'État revendiquent leur vocation culturelle. Des poètes comme Anna de Noailles, des hommes de théâtre comme Sacha Guitry parlent volontiers au micro de Radio Tour Eiffel. Pour autant, les radios privées ne renoncent pas à la culture et diffusent régulièrement des concerts classiques et des pièces de théâtre. C'est surtout à partir du milieu des années 1930 que postes publics et privés différencient leurs programmations. Les stations privées inventent des formules d'émissions remportant de grands succès populaires tel le feuilleton *La Famille Duraton* (Radio Cité), les jeux *La Course au trésor* (poste Parisien), ou le *Radio Crochet* (Radio Cité, Radio Toulouse). En 1936, beaucoup de stations privées renoncent aux soirées. À ces spectacles longs de deux heures, elles préfèrent de courtes séquences éclatées. Le modèle n'est plus la sortie au concert ou au théâtre, mais une succession d'épisodes. Plus que le contenu des émissions, qu'un combat de la culture savante contre la culture populaire ou de la pédagogie contre le divertissement, c'est sans doute cette organisation différente du temps qui introduit une rupture entre les programmes des postes publics et privés. Il s'agit également de deux types d'écoute : le modèle public impose son tempo, l'autre se fait plus mobile et plus souple (Méadel, 1994).

B. L'émergence d'un moyen d'information

L'information est d'emblée très présente dans les grilles radiophoniques. Entre 1930 et 1939, elle représente en moyenne plus de 20 % du temps de diffusion. En France, dès 1922, Maurice Vinot, ingénieur spécialisé dans la climatisation et le théâtre radiophonique, cherche à mettre sur pied un premier journal radiophonique, *Paris Information sans fil*. Son projet échoue, mais il rejoint l'équipe de Radiola pour créer le journal parlé de la station privée. À la même période, le journaliste Maurice Privat conçoit lui aussi une forme de journal parlé : plusieurs orateurs commentent l'actualité dans une salle de spectacle pour le public présent. Le 20 juin 1927, *le Radio Journal de France* est lancé. D'abord réservé à Paris-PTT, il est progressivement transmis à partir de 1931 sur toutes les stations du réseau d'État.

Au début des années 1920, la presse écrite alimente directement les émissions d'information de la radio. La station n'accomplit aucun travail spécifique ; le speaker se contente d'égrener au hasard de ses lectures, des nouvelles récoltées dans la presse. Peu à peu, la formule s'enrichit : signal de l'heure, renseignements météorologiques, chroniques des activités nationales et internationales, interviews et discours. Dès 1926-1927, les stations décident de se transporter hors des studios ; mais ce n'est qu'à la fin des années 1930 que le radio reportage devient un genre spécifique. Le sport sert de laboratoire au radio reporter, notamment les courses cyclistes et particulièrement le Tour de France. Si des liens étroits unissent la radio et la presse écrite (*Le Petit Parisien* a fondé le Poste Parisien ; Radio Cité s'allie avec *l'Intransigeant* ; en province, la plupart des émetteurs privés sont liés à un journal), un conflit les oppose après 1935. La radio apparaît comme un concurrent de la presse écrite, qui cherche à limiter l'impact de cette nouvelle rivale. Des conventions successives sont signées entre la Fédération des journaux et la Fédération des postes privés de radiodiffusion. En 1935, les stations promettent de mettre en valeur la presse écrite et définissent un horaire commun pour la diffusion des informations et des revues de presse. En 1937, la publicité radiophonique est limitée, la revue de presse du matin supprimée, les bulletins d'informations limités à cinq. En 1938, la Fédération des postes privés s'engage en cas d'événement exceptionnel à ne diffuser que de brèves émissions en dehors des heures de grande écoute.

C. L'enjeu politique de la radio

Les informations sont dès l'origine assez étroitement surveillées. Le traitement du 6 février 1934 à la radio d'État provoque nombre de réactions. La nuit même des affrontements, le réseau d'État diffuse un opéra. Ce n'est qu'à la fin de la retransmission qu'il propose un communiqué en provenance du ministère de l'Intérieur. Le lendemain, les manifestants sont présentés par Radio Paris comme des « gens sans aveu, des repris de justice, des souteneurs ». Cette mise en lumière des pressions du pouvoir politique fait apparaître les informations des postes privés comme plus libres, d'autant que le contrôle se renforce sous le Front populaire. L'éviction de journalistes de droite, la nomination au Radio Journal de France de Marceau Pivert, situé très à gauche de la SFIO, les interventions de politique internationale de Pierre Brossolette donnent la couleur du réseau d'État et provoquent la rage des journaux de droite contre la « TSFIO ». La radio est aussi devenue un instrument de propagande gouvernementale. Dès 1932, André Tardieu utilise les ondes pour sa propre campagne électorale. En 1934, Gaston Doumergue est le premier président du Conseil à recourir aux ondes pour s'adresser directement à la Nation ; mais ses causeries sont mal perçues par les parlementaires et seront rendues responsables de sa chute. Toutefois, c'est surtout au moment du Front populaire que le rôle et l'utilisation politique de la radio apparaissent au grand jour, notamment lors des élections législatives de 1936, qui donnent lieu à la première grande campagne radiophonique.

À la veille de la guerre, la radio a pris une place importante dans le quotidien des Français tout en devenant un enjeu politique de premier plan.

◆ Pour aller plus loin

MÉADEL (C.), *Histoire de la radio des années trente*, 1994.

7. PRÉMICES TÉLÉVISUELS

I. LES PREMIERS ESSAIS

Décrite de façon prophétique par J. Verne dès 1892 dans *le Château des Carpates*, la possibilité de transmettre à distance des images animées suscite d'importantes recherches en Europe et aux États-Unis dès la fin du XIXe siècle. Ainsi en 1884, l'Allemand P. Nipkow dépose un brevet pour le télescope électrique. Le mot télévision ne s'est pas encore imposé. C'est en août 1900, lors de l'Exposition universelle, qu'il est prononcé pour la première fois. On parle alors de « radiovision ».

Si les premiers procédés font appel à des méthodes d'analyse mécanique de l'image, la technique des tubes électroniques s'avère plus prometteuse. En 1907, B. Rosing met au point le tube cathodique. En 1923, V. Zworyking invente l'iconoscope, un œil électronique pour l'analyse et la restitution de l'image animée.

En Angleterre, les recherches s'organisent rapidement. J. Baird fait une démonstration de son *televisor* en 1925. En France, la Compagnie des compteurs de Montrouge (CdC) crée un département télévision. L'ingénieur R. Barthélémy réalise une première démonstration publique de « radiovision » en 30 lignes en avril 1931. H. de France, au Havre, développe un modèle concurrent et parvient en 1933 à une définition d'images en 120 lignes. En mai 1933, le ministre des PTT, L. Eynac accorde à la CdC d'organiser des émissions diffusées par l'émetteur de son poste radiophonique Paris-PTT. Il met à la disposition de R. Barthélémy un local rue de Grenelle afin de permettre des essais réguliers. L'idée de créer une station de télévision fait alors son chemin. Le 20 juillet 1934, Mallarmé, ministre des PTT, désigne une commission chargée d'étudier les différents procédés existants dans la perspective de l'exploitation d'un service public de radiotélévision. Diverses techniques sont alors en concurrence, dont le procédé Barthélémy (CdC), le procédé Defrance (Compagnie générale de télévision), le procédé Baird (Société de télévision Baird-Natan).

II. UNE IMPULSION DÉCISIVE

G. Mandel, ministre des PTT, de 1934 à 1936, donne là aussi une impulsion décisive. Après une visite dans les locaux de Montrouge, il demande à Barthélémy de réaliser une installation complète de télévision en 180 lignes. Plusieurs marchés sont passés avec la CdC pour la fourniture d'équipements de prise de vue, l'aménagement d'un studio et la construction d'un émetteur sur la tour Eiffel. L'inauguration, fin 1935, donne lieu à une émission qui mélange danses, sketches et lectures où le rôle de la comédienne, B. Bretty, compagne du ministre, est fort remarqué. La presse salue l'exploit et déjà les producteurs de radio s'inquiètent des risques de concurrence. Dès lors, des programmes réguliers, précédés par le générique Radiovision-PTT, sont diffusés en 180 lignes. La partie artistique est confiée à M. Laporte, le radiolo de Radio Paris. Les différents numéros sont présentés par S. Winker : « Chers auditeurs et spectateurs, par le miracle de la vie moderne vous allez voir… » mais le ministre des PTT du Front populaire, R. Jardillier, ne souhaite plus faire de la CdC son interlocuteur privilégié. Il met en concurrence plusieurs industriels. En mai 37, Barthélémy présente ses équipements électroniques expérimentaux à 450 lignes dans le nouveau laboratoire de la CdC, le centre expérimental de Montrouge. C'est Thomson qui est choisi pour représenter la télévision à l'Exposition internationale des arts et des techniques organisés par la France durant l'été 37. Les démonstrations attirent une foule énorme. Dès 1938, les émissions en 180 lignes de Barthélémy sont supprimées. Le nouveau standard, celui de l'Exposition, le 455 lignes de Thomson s'impose, Toutefois, alors deux salles publiques sont ouvertes à Paris fin 1938, il reste à populariser la télévision.

Au printemps 1939, la télévision émet quinze heures par semaine depuis le studio de Grenelle pour quelques centaines de récepteurs installés dans la région parisienne. La guerre met un terme à l'expérience. Cependant, entre 1943 et 1945, à Paris, sous l'occupation allemande, des émissions bilingues réalisées depuis Cognacq-Jay et destinées aux blessés allemands hospitalisés dans la région parisienne maintiennent une certaine continuité et permettent une avancée technique.

◆ Pour aller plus loin

AMOUDRY (M.), *René Barthélémy ou la grande aventure de la télévision,* 1997 – JEANNENEY (J.-N.), *Georges Mandel, l'homme qu'on attendait,* 1991.

8. LA PRESSE DANS LA GUERRE

Dès avant la guerre, des mesures préventives interdisent la presse communiste (26 août 1939) et instaurent la censure. Au printemps 1940, l'autorisation préalable est réhabilitée. L'effondrement militaire finit de bouleverser le monde de la presse.

I. UNE PRESSE MUSELÉE

Jusqu'en 1944, la presse vit « captive, comme la nation qu'elle avait théoriquement mission d'informer » (Lévy, Michel, 1975).

En zone occupée, les titres parisiens sont les premières victimes de la désorganisation de la diffusion. Pris dans les serres de l'occupant, les journaux subissent une censure draconienne. Les censeurs de la Propaganda-Abteilung et de l'Ambassade d'Allemagne à Paris dirigée par Otto Abetz investissent les rédactions. Les journaux sont sommés de respecter les consignes allant de l'appel à la délation au respect du régime nazi. Ceux qui ne sont pas sabordés après juin 1940 (*L'Aube, l'Époque, L'Ordre, L'Intransigeant, Le Populaire*, *La Croix du Nord*…) ou qui ne se sont pas repliés au sud sont soumis à un inflexible joug. *Le Petit Parisien* et *Le Matin* reparaissent, mais sous un contrôle amplifié par la mainmise allemande sur Havas (remplacée par l'Agence Française d'Information de Presse, 1942), par la maîtrise des contingents de papier, par la manipulation des ambitions d'écrivains et d'hommes politiques qui rédigent des articles défendant « une politique de collaboration sans nuance » (Albert, Terrou, 1996) ; enfin par l'aide financière des autorités allemandes à certains titres (*Le Matin, l'Œuvre, l'Illustration*).

Victime du formidable enjeu de propagande qu'elle représente, la presse voit sa diffusion s'essouffler à cause de l'imperméabilité entre les deux zones, d'une perte de confiance des lecteurs. En effet, nombreux sont ceux qui refusent de *collaborer* en lisant une presse servile, soumise à un Reich désireux de banaliser la défaite, la collaboration, qui installe ses sbires ou maintient des fantoches dévoués à la tête des grandes publications parisiennes.

La concurrence de la radio accentuant encore le discrédit de l'information écrite, les tirages cumulés de *Paris-Soir*, *Le Matin*, *L'Œuvre*, *Le Petit Parisien* passent de 2,8 millions fin 1940 à

1,3 million en janvier 1944 ; cependant que la presse de province, réduite à peau de chagrin (16 % des titres de 1939), est elle aussi minée par de sérieuses entraves à sa diffusion.
Au sud de la ligne de démarcation, les conditions de publication sont à peine meilleures. Certes, la zone sud ne perd que 32 % de ses titres contre 60 % au nord. Mais l'asservissement à la censure de Vichy (Secrétariat général à l'information) se révèle rapidement étouffante. Cette situation donne un immédiat coup d'arrêt à la presse de gauche. Pour le reste, les problèmes de diffusion (contrôlée), la dispersion et la raréfaction des lecteurs, le rationnement du papier (les journaux finissent par tirer sur deux pages) entravent le travail des journalistes, surtout s'ils ne jouissent pas des protections dévolues à la presse vichyste et/ou collaborationniste (*Combat*, *La Voix Ouvrière*, *La Voix paysanne*, *Jeunesse... France*, *Gringoire*, *Le Petit Niçois*).
Le Figaro, *Le Temps*, *Paris-Soir* (l'authentique, non sa doublure parisienne), *Le Jour-Écho de Paris*, à Lyon, *Le Jour à* Clermont, *La Croix* à Limoges... Les journaux repliés subissent la guerre et les élans arbitraires de Vichy, bien que « tous ne les servent pas avec la même volonté » (Martin, 1997). Rares et dangereuses sont les frondes des rédactions liées à la résistance (*La Montagne*, *La Dépêche du Midi*, *Le Midi Socialiste*, *Nouveaux Temps Présents*). À terme, la répression du moindre accent germanophobe ou anti-maréchaliste débouche sur un étiolement – même si Prouvost réussit le tour de force de lancer une hebdomadaire, *Sept Jours*, tirant jusqu'à 700 000 exemplaires ! Fin 1942, l'occupation de la zone Sud sonne le glas pour la plupart des titres repliés. Sanctionnés, ils choisissent de cesser de paraître. *Le Temps* se saborde en novembre après avoir tenté en vain de célébrer le sacrifice de la flotte française à Toulon. *Le Figaro* disparaît après avoir refuser de salir les alliés. Les autres grands, notamment *l'Action Française*, *La Croix*, *Le Journal*, *Le Petit Journal*, poursuivent une carrière difficile jusqu'en 1944. Enfin, excepté les quotidiens d'envergure (quand ils ne se sabordent pas comme *Le Progrès de Lyon*), la presse de province paie elle aussi un lourd tribut à la guerre.

II. PRESSE ET COLLABORATION

Fin 1940, les services de propagande allemande outre qu'ils pèsent sur la ligne des journaux autorisés, favorisent la création progres-

sive d'un éventail de titres vouées à la cause de Berlin, de la collaboration, et couvrant les divers secteurs de l'opinion. La création d'*Aujourd'hui* (septembre) est suivie par celle *La France Socialiste* (novembre), dont les tirages atteignent 100 000. Les autorités allemandes n'oublient pas de ressusciter ou créer une presse dite de gauche (*l'Œuvre*, *Les Nouveaux Temps*) et un simulacre de presse de droite (*Le Petit Parisien*, *Le cri du peuple*). Leur effort porte aussi sur les périodiques. Abetz préconise la reparution de la très populaire *Illustration* et soutient des titres antisémites et germanophiles : *La Gerbe, Au Pilori, La Tempête, Je suis partout,* la *NRF* (sa réputation est instrumentalisée pour gagner une élite intellectuelle) et des magazines tel *Actu*, *Toute la vie*, qui concurrencent *Signal*, titre traduit directement de l'allemand.
Cette presse jouit d'un succès certain au début de la guerre. Mais on ne saurait « interpréter [son] achat comme une approbation des thèmes » qu'elle véhicule (Martin, 1997). Elle pâtit d'ailleurs d'une rapide désaffection d'audience, liée pour une part importante à la concurrence de la radio, principale canal d'information et de propagande, ainsi qu'à un réflexe patriotique au sein d'une opinion publique qui est du reste difficilement saisissable.

III. LA PRESSE CLANDESTINE

Dès août 1940 paraissent les premiers tracts ou feuillets réfractaires, tel *Conseil à l'Occupé* de Jean Texcier *ou* Pantagruel de Raymond Deiss. Mais ces titres éphémères, voire uniques, peu diffusés, ne suffisent pas à satisfaire une opinion affamée d'information non « officielle ». En réponse, après le lointain précédent de la reparution de *l'Humanité* (octobre 1939), la presse clandestine prend un vigoureux essor. Au total, on dénombre plus de 1 000 titres publiés de 1940 à 1944. Les années 1941-1942 sont au cœur de cette renaissance. Étroitement déterminée par l'organisation de la résistance – la favorisant, notamment pour recrutement des hommes – le nombre de journaux clandestins va croissant. En 1941-1942 paraissent *La Voix du Nord, Défense de la France, Les Cahiers de Témoignage Chrétien, Combat, Franc Tireur*, *Le Populaire*, *Les Lettres Françaises*, etc. Par la suite, en 1942-1943, sont créées des agences d'information liées à Londres, puis la FNPC (Fédération Nationale de la Presse Clandestine), qui travaillent en collaboration avec le CNR et la France Libre.

Les journalistes et les artisans imprimeurs qui fabriquent cette presse paient un lourd tribut à la répression. Ils œuvrent dans des conditions périlleuses, tant pour ce qui concerne le financement, l'approvisionnement en papier que pour la composition, la fabrication et la diffusion. Pour autant, certains titres, quoiqu'ils paraissent irrégulièrement, réussissent à tenir des tirages impressionnants. C'est le cas de *Défense de la France* (jusqu'à 450 000 exemplaires en 1944), de *Franc Tireur* (ses numéros se diffusent à hauteur de 150 000), de *Combat* (200 à 300 000).
Résultant d'une volonté politique et éthique, l'existence de cette presse « interdite » témoigne autant du désir d'informer la population, de fédérer la résistance, de provoquer l'occupant que de préparer un après-guerre nourri par l'héritage spirituel de la résistance, par le refus des totalitarismes, des errements de la IIIe République. Canal d'un débat politique clandestin ancré à gauche, cette presse se présente en effet comme le vecteur d'un relèvement moral dont la mission première sera de réfléchir au retour à la paix et à une République rénovée.

IV. UNE PRESSE DISCRÉDITÉE

Nonobstant cette ultime remarque sur le rôle essentiel de la presse clandestine et de ses hommes dans la réflexion sur l'avenir, la guerre porte un coup très dur au monde des journaux de l'avant-guerre. Elle accentue la déperdition de confiance du public, déjà sensible avant 1939. Associés à la déchéance de la IIIe République, aux abus de la propagande de guerre, concurrencés par la radio, les journaux qui sont parus *légalement* durant le conflit sont montrés du doigt dès avant la Libération. Épuration aidant, les Grands nés de l'âge d'or de la presse et des années 1930 vont disparaître, laissant le champ libre à une rénovation en profondeur de l'univers de l'information écrite.

◆ Pour aller plus loin

BEDARIDA R., *Les Armes de l'esprit.* Témoignage Chrétien *(1941-1944)*, 1977 – BELLANGER Cl., *La Presse clandestine,* 1964 – DIOUDONNAT P.-M., *L'Argent nazi à la conquête de la presse française, 1940-1944,* 1981 – *Revue des revues,* « Les revues sous l'Occupation », 24, 1997.

9. LA GUERRE DES ONDES

Dès les années 1930, la radio s'est affirmée comme une arme de propagande en particulier pour les régimes autoritaires. En face, les démocraties paraissent moins promptes à instrumentaliser les ondes.

I. LA DRÔLE DE GUERRE

Devant la montée des périls, le gouvernement Daladier impose à la radiodiffusion un statut de guerre. En février 1939, un centre permanent d'information, rattaché à la présidence du Conseil, a pour tâche de piloter le Radio Journal diffusé sur tout le réseau public et privé. Le 29 juillet 1939, un décret-loi crée une administration unique de la radiodiffusion, dirigée par un physicien, Léon Brillouin, et rattachée directement à la présidence du Conseil. Un Commissariat général à l'information chargé « d'organiser, d'animer et de coordonner tous les services de propagande » est confié à l'écrivain J. Giraudoux, pourtant peu porté à la propagande et vite surnommé « le Marivaux de La TSF ». Cependant, malgré ces efforts tardifs, la France n'est pas prête à utiliser la radio comme une arme de guerre. La dispersion de l'autorité nuit à une réelle efficacité des services.

Pendant les longs mois de la drôle de guerre, la radio d'État ne parvient à mobiliser ni les Français ni les hommes de la ligne Maginot. La programmation très littéraire veut élever le niveau culturel des soldats à un moment où ceux-ci attendent des chansons, des sketchs. Leur lassitude est immédiate. De même, une vague de récrimination populaire se lève contre le Radio Journal et les émissions d'informations trop laconiques sur les opérations militaires et la vie des armées. La radio, sensible au souci gouvernemental de cimenter l'union nationale, neutralise en effet les problèmes et escamote les tensions intérieures, telle la dissidence communiste. Du coup, certains se tournent vers la BBC ou les radios allemandes. Georges Duhamel tente alors d'infléchir la situation en augmentant la proportion d'œuvres de musique légère française et en développant les émissions de variété, les radios reportages. Malgré les critiques de Léon Blum qui s'insurge contre la gaudriole, la radio est d'avantage appréciée à partir printemps 1940, mais il est alors trop

tard, d'autant qu'aucune amélioration ne s'est fait sentir sur le plan de la propagande et de la formation de l'esprit public.
À l'inverse, les émetteurs allemands diffusent propagande et information en Français. L'objectif de Goebbels est de créer en France une atmosphère de panique. Radio Stuttgart est le plus beau fleuron de la propagande allemande. Le poste acquiert sa popularité grâce à la presse française qui fait d'un journaliste, le traître Ferdonnet, l'instigateur d'une cinquième colonne mythique, véritable réseau d'espions minant le pays de l'intérieur. Si cette mobilisation ne produit pourtant pas le « Sedan psychologique » imaginé par les Allemands, elle accentue toutefois le désarroi général.

II. UNE ARME DE GUERRE

Le 10 mai 1940, l'armée Allemande déferle sur Paris, Les speakers des postes noirs allemands comme ceux de Radio Rome, Radio Madrid et Radio Moscou assaillent les Français de nouvelles démoralisantes. La radio reste le seul moyen d'information dans un pays désorganisé par la débâcle (depuis le 14 juin 1940 les Allemands occupent Paris et ont interdit tous les journaux Français). C'est par son canal que, le 17 juin, Pétain ordonne l'arrêt des combats, rassure des millions de réfugiés alors qu'il fait transmettre à Hitler une demande d'armistice. Le 18 juin, de Londres, le général de Gaulle lance à la BBC son célèbre appel à la résistance. La radio prend subitement une place prépondérante dans la guerre.
Pendant l'été 1940, la France libre se réduit au fil ténu des 5 minutes quotidiennes accordées à de Gaulle par Churchill sur les ondes de la BBC. Cette émission baptisée *Honneur et Patrie* est animée par M. Schumann, éditorialiste de talent. En septembre s'y ajoute un programme d'une demi-heure, *Les Français parlent aux Français* confié à J. Duchêne, pseudonyme de M. Saint Denis avec J. Oberlé, A. Gillois, P. Bourdan. et A. Labarthe. L'émission mêle discussions politiques et variétés. Chansons et jeux de mots y épinglent le régime de Vichy, Hitler ou Radio Paris qui est au service des Allemands. Dès l'automne, malgré le brouillage, Radio Londres a des auditeurs dans la France entière comme en atteste notamment le succès du refrain inventé par Jean Oberlé : « Radio Paris ment, Radio Paris est allemand. » L'honnêteté de la BBC, qui ne cache pas les mauvaises nouvelles et informe aussi bien de la situation internationale que de la politique intérieure française, est appréciée. Radio

Londres apparaît vite comme un moyen d'organiser à distance des campagnes d'action psychologique contre l'occupant. Le 1er janvier 1941, elle demande à ses auditeurs d'Europe de faire le vide dans les rues. Puis en avril 1941, on incite les patriotes à provoquer l'occupant en couvrant les murs du V de la Victoire.

En France, depuis l'armistice, le réseau d'émetteurs est divisé en deux : au sud de la ligne de démarcation, Radio Vichy. Au nord, les émetteurs d'État regroupés ne diffusent que le programme de Radio Paris, étroitement surveillé par la *Propaganda Abteilung*. Dirigé par le Docteur Bofinger, ancien responsable de Radio Stuttgart, Radio Paris recrute son personnel parmi l'ultra-droite collaborationniste française dont C. Jantet du *Petit Parisien*, G. Suarez d'*Aujourd'hui*, L. Rebatet de *Je suis partout*. La programmation fait une large place à la musique : la station dispose notamment d'un orchestre symphonique. La politique radiophonique vise à distraire et à séduire les Français tout en promouvant par de grands concerts une image prestigieuse de la collaboration. En revanche, le ton des émissions est violemment anglophobe et antisémite et confond, dans ses attaques, à partir de 1941, juifs, Anglo-Saxons et bolcheviks. La propagande radiophonique permet aussi de varier les genres : la causerie savante et pédagogique multiplie les références historiques pour expliquer que le port de l'étoile Jaune n'est pas scandaleux ! Des reportages invitent les auditeurs à visiter « la très intéressante exposition Le juif et la France ». Les sketchs et les chansons cherchent à faire rire aux dépens des juifs et des alliés.

En zone sud, Radio Vichy est plus timide en propagande. Elle est avant tout un instrument de gouvernement au service du maréchal Pétain et de la Révolution nationale. Très éclectiques, les programmes associent la musique, l'évocation des gloires du passé et la vie des provinces avec une tonalité régionaliste et folkloriste. *Bonjour la France*, animée par Jean Nohain, est un recueil de variétés, de recettes culinaires, de poésie et de culture physique. Supprimée à l'automne 1941, elle est remplacée par des émissions consacrées à la famille, au travail, à l'effort. La censure et le contrôle de l'information n'empêchent pas un effort de renouveau de la création radiophonique. *Radio Jeunesse*, l'émission de Pierre Schaeffer, accueille artistes et intellectuels de tous bords, constituant ainsi une étonnante plage de liberté à la radio d'État. Mais l'émission est interdite à l'automne 1941. À cette date, la censure se renforce. Du côté de l'information, le journal est réorganisé avec des services spécialisés. Mais ces efforts ne permettent pas un redressement susceptible de convaincre un plus large auditoire. La propagande gouvernementale souffre toujours d'un manque de dynamisme et de coordination. L'insuffisance des moyens, la dispersion des services y contribuent. Le problème essentiel est politique : la propagande de Vichy est encore trop composite, même si depuis mai 1941, la Légion Française des Combattants dispose de 5 minutes d'émission quotidienne durant lesquelles s'exprime plus nettement le nationalisme réactionnaire et xénophobe de Vichy. Bientôt, avec les premiers succès des Alliés, ses mensonges peu à peu démasqués, elle n'inspirera plus confiance.

À partir de 1942, la guerre des ondes s'intensifie. Les services secrets britanniques et agents de la France Libre utilisent la BBC pour communiquer avec les mouvements de résistance intérieure au moyen de messages cryptés. Les opérateurs de radio de la résistance transmettent à la BBC des informations précieuses qui lui permette de condamner avec précision les atrocités de l'ordre nazi, les massacres juifs à l'Est, le départ des premiers déportés et de dissuader les Français d'aller travailler en Allemagne (STO). De son côté, le Général de Gaulle, marginalisé à Londres depuis le débarquement américain en Afrique du Nord, se sert de l'émetteur de Radio Brazaville pour lancer, en juin 1943, l'annonce du gouvernement provisoire ; tandis qu'en face, les éditoriaux de Jean Hérold-Paquis sur Radio Paris redoublent de violence. Radio Vichy s'aligne progressivement sur les thèmes de la radio allemande, notamment avec la chronique bi-quotidienne de Philippe Henriot, nommé secrétaire d'État à l'Information en 1944. Toutefois, les propagandes de Vichy et de Radio Paris perdent peu à peu du terrain. Un sondage clandestin de la BBC en 1944 révèle que 70 % des Français écouteraient Londres.

Le message «*Les sanglots longs des violons bercent mon cœur d'une langueur monotone*» diffusé par la BBC le 5 juin 1944 annonce le débarquement. Radio Paris cesse d'émettre le 18 août et le 20, les Parisiens peuvent entendre sur les ondes *La Marseillaise* suivi de l'annonce : *Ici radiodiffusion de la nation française*. Le 26, Radio Vichy s'éteint à son tour. La guerre des ondes aura démontré, comme l'annonçait A. Camus, qu'«à énergie égale, la vérité l'emporte sur le mensonge» (Eck, 1985).

◆ Pour aller plus loin

ECK (H.), *La Guerre des ondes,* 1985 – CRÉMIEUX-BRILHAC (J.-L.), *La France Libre*, 1996.

10. LE « JOURNAL » ENTRE CRISE ET RENOUVEAU

De 1944 à 1974, la presse subit de profondes mutations. Concurrencée par la radio et par la télévision ; en proie à une crise structurelle affectant surtout les quotidiens, ses formes et ses fonctions évoluent dans un champ informatif sans cesse élargi.

I. LA PARENTHÈSE DE L'APRÈS-GUERRE

L'immédiat après-guerre entraîne une révolution dans le monde de la presse écrite. En réaction à la noire saison de la collaboration et de la bataille des propagandes, le gouvernement provisoire d'Alger prévoit, dès le printemps 1944, la suspension des titres ayant poursuivi la publication après l'invasion des zones nord et sud (juin 1940, novembre 1942). Désireux de réinstaller une République et une presse garante du débat démocratique – de la « synthèse républicaine » (M. Martin, 1997) – l'État veut instaurer une rupture avec la guerre et la IIIe République moribonde. Il légifère sur l'épuration des titres collaborateurs, séquestre leurs biens désormais gérés par la Société Nationale des Entreprises de Presse et dévolus aux journaux autorisés. Il aide de façon équitable ces titres qui doivent servir de guide au peuple libéré en créant l'Agence France Presse (à partir de l'OFI), les Nouvelles Messageries de la Presse Parisienne, en investissant dans Havas (régie publicitaire) ; enfin, en exonérant les entreprises de certaines charges (TVA, abattement fiscaux), en aidant la diffusion (tarifs réduits par la Poste et la SNCF). C'est là l'origine de la politique d'aide de l'État à la presse. Elle répond au désir des journalistes, souvent issus de la résistance, de faire de la presse, indépendante des pouvoirs d'argent, un canal privilégié, austère et éthique, du débat politique.
En 1944-1945, les Français découvrent donc un paysage de l'écrit bouleversé. Peu d'entreprises ont résisté à la tourmente (*Le Figaro, La Croix, l'Humanité, Le Populaire*). Les grands d'avant-guerre ont disparu. Une nouvelle presse héritière de la clandestinité sort des rotatives (*Libération, Franc-Tireur, Combat, Défense de la France, Front National*…) S'y ajoutent d'anciens titres (*l'Aube, Ce Soir, Le Figaro, Le Populaire, l'Humanité*) et de nouveaux : *Le Parisien Libéré, Résistances, Libération-Soir, Le Monde*. Au total,

28 quotidiens paraissent à Paris en 1946 (une douzaine tirant plus de 100 000) et 175 en province. Ajouté à l'envol de la diffusion – malgré les difficultés de tirage : 12 millions en 1945, 15 en 1946 – ce dynamisme illustre l'euphorie d'un pays pacifié, soucieux de renaissance et de débattre de l'avenir institutionnel.
Autre élément central dans la renaissance de la presse libre : la complète redistribution des engagements politiques puisqu'une écrasante majorité des quotidiens sont de gauche (*L'Humanité, Ce Soir, Le Populaire, Franc-Tireur, Libération, Combat…*).
Mais la situation s'assombrit très vite. Les restrictions de papier et la hausse de son prix (multiplié par 3 de 1947 à 1951), le faible pouvoir d'achat des lecteurs en cette période de restrictions, le retour à la logique sélective du marché (libéré en 1947 par la suppression de l'autorisation préalable de paraître), l'augmentation des coûts de fabrication et celle subséquente des prix (multipliés par 2 de 1947 à 1952) entraînent une crise qu'aggrave la désorganisation de la production lors de la grève des ouvriers typographes en 1947. Conséquence : la diffusion chute à 12 (1947), puis 9,6 millions (1952), moins qu'en 1939. Dans le même temps, 72 des 203 titres publiés en 1946 sont morts. Ainsi, à l'élan artificiel de la Libération succède un temps d'incertitude et de remises en cause.

II. LES QUOTIDIENS FRAGILISÉS

De 1952 à 1972, la PQN et la PQR* subissent une hémorragie de titres et leurs tirages, stabilisés à 10-11 millions en 1955-1956, ne répondent pas à la croissance démographique de la France.

	PQN + PQR	Tirage
1946	203 titres (28 + 175)	15 124 000
1952	131 titres (14 + 117)	9 600 000
1962	109 titres (13 + 96)	11 405 000
1972	89 titres (11 + 78)	11 675 000

A. La presse quotidienne nationale

Plusieurs facteurs entrent dans l'analyse de la crise structurelle qui entraîne la disparition de 114 titres de 1946 à 1972. La concurrence de la radio puis de la télévision à partir des années 1960 joue un rôle clé puis l'audiovisuel prive la presse de son monopole sur l'information collective. Du reste, si cette concurrence impose aux quotidiens de moderniser leurs maquettes pour répondre à la conquête des médias audiovisuels, elle leur laisse la primauté d'une information fouillée et variée. Le retour à la loi du marché et la concurrence, les charges de fabrication et de distribution, la désaffection du public face à l'augmentation des prix, constituent un autre point noir. Dans le reflux, il faut encore évoquer la défiance des lectorats. Après l'euphorie de la Libération, le retour à un débat politique national et international tendu réveille le spectre d'une presse asservie à la propagande. Le crédit des journaux en pâtit. Parallèlement, le recul des pratiques de lectures *militantes* (nées de l'effervescence politique de l'après-guerre) déstabilise les quotidiens d'opinion. Enfin, la vivacité des hebdomadaires d'information et d'opinion ajoutée à l'attraction de la PQR constitue un dernier facteur d'instabilité. Les premières victimes sont donc les journaux politisés. La ruine des quotidiens communistes en témoigne : 25 % des tirages en 1946, 2,5 % en 1968. *Ce Soir*, 4e tirage national en 1946, disparaît en 1953. La principale conséquence de cette pression sélective du marché est d'aboutir à une passation de pouvoir entre presse d'opinion et presse d'information marchandise et à un progressive rééquilibrage gauche/droite. Les feuilles mortes se ramassent alors à la pelle, en commençant par les titres de gauche. Bien avant *Ce Soir*, *l'Aube* a mis la clef sous la porte en 1951. En 1957, à l'issue d'une crise interne et d'une chute du tirage, *Franc-Tireur* passe sous la coupe de Cino Del Ducca qui en fait un quotidien populaire : *Paris-Jour*. *Libération* s'éteint en 1964. Les tirages du *Populaire* s'étiolent jusqu'à sa disparition en 1969, année où R. Hersant peut acheter un *Nord-Matin* en grande difficulté (rachat symbolique de la disparition de nombreux titres politisés de la PQR). En 1974, c'est au tour de *Combat* de s'éteindre. Dans ce marché saturé, les nouveaux titres périclitent vite. En 1956-1957, *Le Temps de Paris* et *Les Débats de ce Temps* ne peuvent détrôner *Le Monde*. *L'Express*, hebdo passé quotidien en octobre 1955 pour soutenir la campagne Mendès France abandonne la formule en mars 1956. En 1957, del Ducca, propriétaire d'un groupe de presse du cœur et féminine, lance *Paris-Jour*. Ce quotidien tabloïd* est populaire, non engagé, ludique, esthétique (Une en couleur), abondamment illustré. Mais il meurt en 1972, sans avoir obtenu les résultats escomptés en regard des expériences anglo-saxonnes du même genre. *Paris-Matin,* lancé par R. Hersant en 1964 fait long feu. En 1965, *24 Heures* fait faillite en un mois !

Dès la fin des années 1950, la sélection naturelle a donc fait ses coupes claires. Mais le cœur de la crise est passé, ce qu'illustrent les 22 % de croissance des tirages de 1952 à 1957 (11,4 millions), permis par un ralentissement passager de l'augmentation des prix. Les titres modérés profitent de cette reprise, illustrant le recentrage des lectures vers des titres moins politisés, bien que la France subisse l'épreuve de la guerre d'Algérie. Il s'agit en particulier du premier quotidien populaire, *France-Soir*, pour lequel Pierre Lazareff adapte les recettes de feu *Paris-Soir*. Il dépasse le million en 1954 et s'y maintient jusqu'en 1966. Le *Parisien Libéré* le devancera en 1975.
Sur une ligne hostile au PC et à la SFIO et sous la férule de Pierre Brisson jusqu'en 1964, *Le Figaro* et ses 250 journalistes fait figure de principal titre « sérieux » de la droite, et en particulier de la droite coloniale durant la guerre d'Algérie. Austère et efficace aussi bien en matière politique, qu'économique ou culturelle avec ses pages littéraires, c'est un fleuron de la presse de la IVe République (ses tirages oscillent autour de 500 000 à la fin des années 1950).
Sur l'autre bord, *Le Monde* jouit à la fois de son statut d'héritier du *Temps* et d'une image modérée liée tant à sa rigueur informative qu'à sa position d'électron libre sur l'échiquier politique. Quoique neutraliste durant la guerre froide, puis anticolonialiste, il n'*appartient* pas à la gauche. Ainsi, en 1958, celui qui l'a fondé en 1944, H. Beuve-Méry (un ex-journaliste du quotidien d'Hébrard), se prononce pour de Gaulle. *Le Monde* est donc avant tout une autorité morale, appuyée sur sa liberté de ton, sa rigueur, sa relative émancipation vis-à-vis du politique. Avec 110 000 lecteurs en 1946 et 400 000 au début des années 1970, jouissant d'un prestige quasi-institutionnel qui en fait le grand quotidien de référence français à l'étranger, il est une des plus emblématiques aventures de presse de la IVe République.
Reste *l'Humanité*. Durement touchée par la défection de ses lecteurs et l'amorce du reflux électoral du PC puisqu'il ne tire plus qu'à 140 000 en 1975 contre plus de 400 000 en 1946.
Enfin, en marge de la presse d'information générale, l'après-guerre voit s'affirmer la réussite du premier et à ce jour plus ancien quotidien sportif au monde : *l'Équipe* (313 000 en 1974).

– **Les tirages en 1974 :** *Le Parisien Libéré* (980 000), *France Soir* (979 000), *Le Monde* (548 000), *Le Figaro* (492 000), *l'Aurore* (389 000), *l'Humanité* (194 000), *La Croix* (137 000), *Le Quotidien de Paris* (50 000), *Libération* (34 000), *La Nation* (30 000), *Combat* (25 000).

B. La presse quotidienne régionale

Pour la presse de province, le bilan des Trente Glorieuses est moins chagrin. Ses tirages n'ont, pas plus que ceux des titres nationaux, suivi la courbe démographique. Mais la PQR attire les lecteurs grâce à une information de proximité toujours plus précise, grâce à une forte fidélisation et à des taux d'abonnement plus conséquents, grâce enfin à une meilleure gestion des revenus publicitaires. Après la période noire de 1947-1952 qui voit la disparition de 10 titres par an (et ainsi la mort de la forte influence de la presse politique locale de la IIIe République), son sens du consensus politique tend également à la renforcer. Du reste, on assiste ici aussi à un processus de concentration : 175 titres en 1946, 78 en 1972. Rares sont les départements qui disposent encore de plusieurs quotidiens en 1975. Les grands régionaux (*Ouest-France, Le Midi Libre, Le Dauphiné Libéré* par exemple) se forgent des positions de quasi monopole. Ainsi Grenoble compte quatre quotidiens en 1946 et un seul en 1958 (*Le Dauphiné*). *Ouest-France* domine la Bretagne et affiche le troisième tirage national en 1974 (695 000). La concentration est également soulignée par l'affirmation de groupes de presse qui s'appuient sur l'achat et la mise en régie de plusieurs titres. C'est le cas du groupe Hersant, fondé à partir du lancement de *l'Auto-Journal* (1950) et qui possède en 1972 : *Centre Presse, L'Éclair de Nantes, Presse Océan, Nord-Matin, La Liberté du Morbihan, Le Havre-Presse, Paris-Normandie, France-Antilles.*

III. L'EXPANSION « PÉRIODIQUE »

La principale évolution des années 1950-1960 est le succès des périodiques : d'une part les hebdomadaires d'information et d'opinion, d'autre part les magazines grand public et spécialisés. Cette presse renouvelle le mode d'écriture et d'investigation journalistique en l'ouvrant pleinement à l'évolution socioculturelle des Trente Glorieuses. Elle joue la carte du progrès technique qui aboutit à une très nette amélioration de qualité des périodiques (photographie, couleur).

A. Le cas des « news magazines » d'opinion

La presse hebdomadaire d'opinion trouve un terrain d'élection dans le contexte très idéologique de l'après-guerre. La droite, parente pauvre à cause du souvenir de la collaboration, reparaît timidement avec *l'Action Française* (1946), puis *Rivarol* (1951) et *La Nation Française* (1955). C'est à gauche que naissent les grand hebdos des années 1940 : *Action, Gavroche, France Nouvelle, Témoignage Chrétien. Le Canard Enchaîné* reparaît en 1944 et suit une forte ascension (400 000 en 1969). C'est aussi à gauche que naissent deux initiatives qui bouleversent en quinze ans la conception de l'hebdo tabloïd d'information et d'opinion en imposant un modèle inspiré à la fois par la tradition militante d'avant-guerre, par l'exemple des hebdos anglais – d'où l'expression *news magazine* –, par la rigueur du *Monde*. Fondé par Cl. Bourdet, G. Martinet et R. Stéphane, *l'Observateur* (*France Observateur* en 1954) paraît en 1950. Il représente la « Nouvelle Gauche », située entre le PC et la SFIO. En 1953, J.-J. Servan-Shreiber lance *l'Express*, mendésiste. Les débuts sont ardus. Engagés contre la guerre d'Algérie, les 2 titres font figure, avec un autre hebdomadaire, *Témoignage Chrétien,* d'organes de l'anticolonialisme, et subissent à ce titre la censure. Mais, la paix revenue, avec leurs maquettes modernisées (1964) et le passage progressif à la couleur, *Le Nouvel Observateur* (racheté en 1964 par Cl. Perdriel et dirigé désormais par un ancien de *l'Express*, J. Daniel) et *l'Express* font une ascension commune fulgurante. Le lancement du *Point* en 1972 confirme la marge de progression de ce genre journalistique qui affaiblit les quotidiens politisés. La croissance des tirages (des trois principaux titres plus *Valeurs Actuelles*, 1966) le montre nettement : 100 000 en 1953, 476 000 en 1964, 970 000 en 1972, 1 325 000 en 1974.

B. Le monde florissant des magazines

Couleurs attrayantes, maquettes et typographies modernisées et diversifiées, ouverture sur tous les secteurs d'une société en pleine expansion, goût pour les lectures divertissantes à l'heure où le temps libre et les loisirs deviennent des « biens » collectifs… Ces clés favorisent l'explosion d'un marché périodique allant du bulletin paroissial aux cinq cents feuilles agricoles, des journaux d'entreprise aux magazines d'envergure nationale, internationale (comme *Elle*). On ne peut détailler ici ce foisonnement. À travers un arrêt sur image en 1970-1974, on peut cependant en désigner les lignes de force, pour les magazines d'audience nationale, et souligner certaines réussites marquantes. L'audience de la presse sportive et de loisir (169 titres en 1970 dont *l'Action automobile et touristique avec* 550 000) que *l'Équipe* représente au quotidien s'accroît sans cesse. La presse à sensation

et dite « d'évasion » a fait les beaux jours des années 1950 et occupe toujours une place considérable (*France Dimanche* et *Ici Paris* surtout). La presse du cœur et sa trentaine de titres vend beaucoup et fait le bonheur des fleurons du groupe del Duca (*Nous Deux, Intimité, Confidences*). En définitive, il n'est pas de sujet qui soit absent des kiosques : du cinéma (*Cahiers du Cinéma, Image et Son*) à la presse d'exaspération et de provocation (*Hara Kiri, Charlie Hebdo, Actuel...*), des titres érotiques et d'annonce (*Lui*, *Union*) aux arts (*Quinzaine Littéraire*, *Connaissance des Arts...*) et à la musique (*Rock'n Folk*, *Jazz Magazine...*), etc.
Mais certaines aventures permettent mieux que d'autres d'insister sur l'expansion, la puissance de pénétration de cette presse dans le public. Lancé en 1949 par J. Prouvost, *Paris-Match* est l'archétype d'une réussite à long terme et une première en matière d'utilisation des nouvelles techniques (photocomposeuse*, offset couleur) mise au service du photojournalisme. Avec 25 pages de photos (14 en quadrichromie) pour 44 pages au total, ce magazine d'actualité séduit d'emblée un large auditoire qui ne cesse de s'étoffer tout en lorgnant du côté d'autres bons scorers : *Point de Vue Images du Monde*, *Jours de France.*
Jouant sur cette même technique et sur l'attente des femmes : *Elle*, modèle du magazine féminin « chic » lancé en 1945 jouit d'un succès dépassant les frontières de l'hexagone (± 800 000 exemplaires au cours des années 1960). Il renvoie à l'énorme place du secteur « presse féminine » : 6 des 12 titres millionnaires selon les tirages de 1970 et une pléiade de titres : *Marie-Claire, Marie-France, Femme d'Aujourd'hui, Bonne Soirée, Votre Beauté, Femme Pratique, Clair Foyer, Mon Ouvrage...*
Dans un autre registre, intimement déterminé par l'irruption de la « jeunesse » propre aux années 1960, il faut souligner la réussite, dès 1961, de *Salut les copain* (né, cas rare à l'époque, d'une émission du secteur radio animée par F. Ténot et D. Filipacchi sur Europe n°1). S'adressant aux adolescents yé-yé jusque-là assez délaissés, le journal joue à fond la carte de la *copinerie* (journalistes, stars et lecteurs) et préfigure avec *Mademoiselle Âge Tendre* (1964, mêmes créateurs) le raz-de-marée de la presse pour la jeunesse (à la fin des années 1970, de *Hit* à *Super Géant*, elle représente 21 millions d'exemplaires imprimés chaque mois).
Dernier trait d'époque : l'essor de la presse de télévision à partir de 1960-1965. Après le pionnier (*Télé-Magazine*, 1955) ; *Télé-7Jours* (1960) et *Télé-Poche* (1965) font entrer la presse télévisée

dans l'air de la surconsommation. La preuve en est que le plus fort tirage des périodiques en 1974 lui revient.

IV. ET L'AVENIR ?...

Deux visions prévalent dans la représentation du monde de la presse à l'aube des années 1970. D'une part, il y a le secteur quotidien, stabilisé mais non sécurisé, dominé par une poignée de titres, apparemment incapable de rattraper son retard sur l'élan démographique et l'élévation général du niveau d'étude qui devraient, en théorie, favoriser son expansion. Mais les Français sont parmi les moins grands amateurs de quotidien en Europe (le taux de pénétration de la presse en 1973 est de 221/1 000 habitants contre 448 en Grande-Bretagne). D'autre part s'impose la réussite et la forte marge de progression du secteur périodique. Celui-ci répond au besoin de *divertissement* des Français, à une nouvelle forme de consommation et de journalisme, à la nécessité aussi de trouver des pistes lucratives susceptibles de pondérer les ponctions faites par la télévision dans les lectorats et la manne publicitaire. Comme l'écrit M. Martin (1997), « bien plus dangereusement que la radio, [la télévision] va finir par déstabiliser un système dont le principe essentiel, la place privilégiée et dominante de la presse, remontait, en définitive, à la fin du siècle précédent ». Du reste, ni l'agonie de ce monopole ni le pouvoir ascendant de la télévision n'expliquent seuls la régression du marché quotidien en particulier. De fait, loin du pieu égalitarisme de 1944, la reconstitution de groupes de presse (Prouvost, Filipacchi, Amaury, Hersant...) traduit une concurrence accrue et le retour à l'implacable logique libérale du profit, mère des désillusions et des faillites. Au reste, devenu produit de consommation de masse – la presse produit 1 % du PNB et fait vivre 200 000 personnes en 1966 –, le journal, l'écrit, quoiqu'en disent alors de trop pessimistes prophètes, ne sont pas à l'agonie.

◆ Pour aller plus loin

EVENO P., Le Monde, *1944-1995. Histoire d'une entreprise de presse*, 1996 – JAMET M., *La presse périodique,* 1983 – JEANNENEY J.-N., JULLIARD J., Le Monde *de Beuve-Méry ou le métier d'Alceste*, 1979 – RIOUX L., L'Observateur *des bons et des mauvais jours*, 1978 – TÉTART Ph., *Les Hussards de Cassandre*. France Observateur, *1950-1964*, 1999 – THIBAU J., Le Monde, *1945-1996 : Histoire d'un journal*, 1996.

11. LA RADIO TOUTE-PUISSANTE

I. CROISSANCE, HÉGÉMONIE ET MUTATIONS

A. La reconstruction et la technique

Si la Résistance a pu récupérer les installations de Radio Paris, la presque totalité des émetteurs de Province ont été détruits par les Allemands. À la Libération, seuls 6 émetteurs fonctionnent encore, cependant que le nombre de postes récepteurs est passé de 5 millions à la veille de la guerre à 3 millions en 1945. Si la reconstruction du réseau des émetteurs est à l'ordre du jour, elle passe après d'autres priorités, telle la reconstruction du parc immobilier. Dès 1949 pourtant, 60 émetteurs seront restaurés. Ils sont 79 en 1956.

De nouvelles techniques font rapidement leurs premiers pas. La première émission en stéréophonie a lieu en 1950 (retransmission d'une dramatique). La modulation de fréquence s'impose progressivement. Le 28 mars 1954, la RTF lance un émetteur en MF. Dans les années suivantes, le programme MF propose des émissions littéraires de qualité, des retransmissions de concert... Mais la couverture du territoire n'est vraiment assurée qu'au milieu des années 1960. Enfin, le premier poste à transistors est présenté en 1956, au Salon de la radio et de la télévision. Il ne possède ni lampe encombrante, ni câble électrique. Il est d'une plus utilisation plus aisée et modifie en profondeur l'usage de la radio. Avec le putsch des généraux en 1961, on découvre qu'il peut devenir une arme politique.

B. Le monopole et le statut

1944 ouvre une nouvelle époque dans l'ère de la radiodiffusion : celle du monopole. Il naît à la fois d'un souci d'appropriation par l'État et d'un vigoureux refus du secteur privé de l'information, d'une hostilité à la publicité. Chez les dirigeants de la Libération, la méfiance à l'égard du privé est donc très prononcée. De plus, aux arguments techniques en faveur du monopole s'ajoutent des arguments politiques et culturels affirmant qu'il faut soustraire « ce mode d'expression », « le plus large et le plus puissant », aux puissances d'argent et aux influences étrangères.

En 1944-45, une série d'ordonnances fondent implicitement le monopole en annulant toutes les autorisations accordées avant-guerre et en réquisitionnant les installations. Le 4 février 1949 un décret reprend partiellement l'organisation d'une loi de Vichy du 7 novembre 1942 : la radiodiffusion est une administration à budget annexe, dépendant du Président du Conseil ou d'un ministre délégué, avec à sa tête un directeur général. Seul changement notable : la RDF de la Libération est baptisée RTF (Radio Télévision française).

Dès lors la quête du statut recommence et occupe toute la IVe République. Seize projets de loi sont élaborés qui visent à améliorer le mode de fonctionnement et de financement de la RTF. La radiodiffusion se révèle être une administration éminemment difficile à gérer. Aux yeux de tous, elle ne doit pas fonctionner selon les règles du droit public incompatibles avec son organisation. La question du statut ne sera réglée qu'en 1959. Le 5 février, la RTF devient un établissement public à caractère industriel et commercial, disposant, en principe, d'une certaine autonomie de gestion.

C. Les programmes

Cette période est celle de la croissance de la radio. En 1948, 2 millions de récepteurs sont vendus, deux fois plus qu'en 1938, la meilleure année d'avant-guerre. La radio est en passe de devenir l'équipement de base de la famille française (5,3 millions de récepteurs en 1945, 10 en 1958). Des campagnes publicitaires militent même en faveur du deuxième poste. En 1953, la radio est présente dans neuf foyers sur dix et talonne la presse écrite comme principal canal de diffusion des informations. Le Journal parlé du soir touche trois fois plus d'auditeurs que le quotidien le plus lu.

Dès 1944, la RDF émet sur deux chaînes. Le Programme national est culturel et le Programme Parisien, plus écouté, propose essentiellement des émissions d'information et de variétés. En 1947, une petite station, Paris Inter, presque exclusivement musicale, est créée. Elle reste confidentielle jusqu'en 1952 date à laquelle la récupération de l'émetteur d'Allouis permet de couvrir toute la France.

Pour chaque station, la principale difficulté, au moins jusqu'à la fin des années 1940, consiste à fournir des programmes dans des structures mal reconstruites. Quant au recrutement des animateurs : pour les émissions artistiques, les vedettes des années 1930 reprennent les succès bien rodés ; de leur côté, les jeunes résistants ayant découvert la radio durant la guerre se tournent souvent vers les informations et deviennent journalistes.

D. Une radio sous haute surveillance

L'information est placée sous haute surveillance, toutefois contre-balancée par l'instabilité ministérielle (28 ministres de l'Information sous la IVe République). La politisation du Journal Parlé ne choque personne. On la considère comme normale. Les mises à l'écart qui entourent les premières années de guerre froide en témoignent. L'opposition est interdite d'antenne, qu'elle soit de droite, comme le Rassemblement du peuple français du général de Gaulle (interdit d'antenne à partir de 1947), ou de gauche comme le PCF (interdit pendant la guerre froide).

En 1946, le socialiste G. Defferre, secrétaire d'État à l'Information crée le poste de « directeur politique du Journal ». Sans vergogne, il y nomme H. Noguères, rédacteur en chef du *Populaire*, quotidien de la SFIO. Celui-ci est remplacé par V. Gayman l'année même, qui dirige le Journal Parlé jusqu'en 1958. Ancien communiste, il exerce une véritable autorité morale sur son équipe. Une authentique rédaction se constitue et définit, à travers une « Charte de l'information radiophonique », ses missions. En s'imposant un devoir d'impartialité allant jusqu'à l'autocensure et le contrôle préalable des informations, les journalistes de la radiodiffusion nationale pensent se protéger de l'ingérence gouvernementale (H. Eck, 1997).

L'émission phare de ces années est *La Tribune de Paris* à 19H30 sur le Programme National. Fondée en 1946 et produite par P. Guimard, elle invente la table ronde de journalistes politiques : spécialistes du Parlement et représentants de la presse écrite d'opinion accrédités auprès de l'Assemblée débattent pendant 25 minutes chaque semaine. Unique espace d'expression contradictoire sur les ondes nationales, l'émission est régulièrement suspendue, au gré des crises politiques. Elle perdure cependant jusqu'en 1963 et connaît un franc succès. Mais la surveillance étroite de l'information éclate surtout au grand jour avec la concurrence et la liberté de ton des stations périphériques.

II. LA CONCURRENCE DES PÉRIPHÉRIQUES

Malgré le monopole, les trois chaînes de la RTF sont rapidement concurrencées par des stations périphériques. En effet, l'ordonnance de 1945 sur le monopole ne concerne pas les stations commerciales proposant des programmes en français diffusés à partir d'émetteurs situés en dehors du territoire national et vivant de la publicité interdite sur la radio nationale.

A. Radio Luxembourg et RMC

Créée en 1931, Radio Luxembourg a cessé d'émettre dès la défaite française de 1940. Utilisée par les Allemands à des fins militaires jusqu'en 1945, elle est rendue à ses propriétaires (Havas, Paribas et la Compagnie des Compteurs) le 11 novembre 1946. La majorité de son conseil d'administration est luxembourgeois. La station retrouve rapidement son succès d'avant-guerre grâce à la programmation de L. Merlin qui met en place des émissions populaires (*La famille Duraton*) et des jeux (*Quitte ou double, le Crochet*). Les émissions ludiques composent avec les impératifs de parrainage. Ainsi l'apéritif Dubonnet est associé au très populaire Jeu du Bonnet, qu'anime Zappy Max. En 1956, Radio Luxembourg est la plus écoutée de France.
Radio Monte Carlo a été créée en mars 1942 à l'initiative de Pierre Laval, avec des capitaux venus d'Allemagne, d'Italie et de la Société Française de Radiodiffusion. À la Libération, le gouvernement monégasque confisque les parts allemandes et italiennes pour les céder à la Sofirad*. Le prince Albert de Monaco reçoit 16 % des actions. RMC qui ne dessert encore que le Sud de la France, est alors avant tout le poste de la Côte d'Azur.

B. La petite révolution d'Europe n°1

Europe n°1, fondée en 1955, émet depuis la frontière allemande, en Sarre. La station trouve un ton nouveau et transforme le style de l'information radiophonique. Elle séduit un auditoire de jeunes qui écoutent désormais des transistors. Ayant quitté Radio Luxembourg, L. Merlin en devient le directeur. Il cherche à imposer un nouveau ton pour différencier Europe n°1 : le speaker anonyme cède la place au meneur de jeu, le direct est omniprésent. Dorénavant les journalistes délivrent en personnes les nouvelles aux auditeurs. Dans cette radio qui sait être distrayante, l'information règne. Des journalistes prestigieux tels M. Siégel, Cl. Terrien et P. Sabbagh, y imposent une information vivante et immédiate. La guerre d'Algérie devient rapidement, avec la crise de Budapest, l'un des grands sujets sur lequel Europe n°1 renforce une réputation d'excellence

pour sa rapidité à réagir à l'événement avec ses fameux « flashes spéciaux » qui interrompent les programmes. Sa relative liberté de ton s'oppose au mutisme de la radio publique, même si la station n'est pas pour autant dégagée des contraintes de la censure et de l'autocensure. Cl. Terrien ose parler de la torture en Algérie. En février 1958, G. Fillioud est le seul à évoquer le bombardement du village tunisien de Sakhiet par l'armée française. Par ailleurs des émissions très populaires ancrent le succès d'Europe n°1 : *Signé Furax* de F. Blanche et de P. Dac, *Pour ceux qui aiment le Jazz* de F. Ténot et D. Filipacchi, qui se taillent un immense et légendaire succès avec *Salut les Copains* (dès 1959).
Avant la fin des années 1950, les premiers sondages montrent que les trois stations périphériques remportent les faveurs des auditeurs au détriment de la radio d'État.

III. LA RÉPONSE DE LA RADIO D'ÉTAT

Face à cette forte concurrence et à celle d'une télévision en plein essor depuis la fin des années 1950, la radio nationale tente de réagir. La RTF modernise le ton et le rythme de ses programmes. Elle fait appel à des animateurs et à des producteurs de variétés renommés (J. Nohain, F. Blanche, H. Spade) et promeut des émissions qui renouvellent l'information. En 1955, *Paris vous Parle*, sous la direction de P. Desgraupes est composé de reportages et ponctué d'interventions de journalistes à l'antenne.
La réforme de 1957 donne la primauté à Paris Inter (devenu France I). La Chaîne parisienne devient France II et la Chaîne nationale France III. Le développement de la modulation de fréquence entraîne la création de France IV-Haute fidélité essentiellement musicale.
Mais en dépit de ses efforts, la RTF ne parvient pas à enrayer l'étiolement de son auditoire. Il faut attendre 1963 pour qu'une réforme profonde des stations publiques prenne acte des récentes mutations du paysage radiophonique et donne un second souffle aux stations publiques. A. Peyrefitte, ministre de l'Information, confie cette mission à R. Dhordain. Ce dernier propose une définition claire et stricte des vocations : l'ancien Paris Inter, associé au programme régional, doit devenir la chaîne de l'information, de la gaîté et des conseils pratiques, être populaire et de bonne qualité, se distinguer

des périphériques sans se laisser distancer quant à l'audience. Parallèlement, une chaîne culturelle utilisera les installations de l'ancien programme national. Enfin, la chaîne musicale bénéficiera de la haute-fidélité et disposera d'un vaste réseau en modulation de fréquence – MF que les auditeurs plébiscitent. Reste à trouver des noms. Les appellations de France I, France II, France III n'ont jamais eu la faveur des journalistes et des auditeurs. La chaîne grand public devient France Inter. Le programme culturel prend le nom de France Culture et la chaîne musicale France Musique. Si les deux dernières sont dédiées à des publics spécifiques, limités, France Inter, sous la direction de R. Dhordain, poursuit sa mutation. Elle remplit l'objectif « grand public » qui lui a été fixé tout en développant un ton caractéristique qui fait, peu à peu, son identité, sa différence. Dès 1966, France Inter caracole en tête des sondages sur de nombreuses tranches horaires et s'inscrit dans le groupe des grands, avec Radio Luxembourg et Europe n° 1.

IV. UN OBJET DU QUOTIDIEN

Vingt ans à peine après la fin de la guerre 1939-1945 et au terme de la progressive reconstruction et libération du paysage radiophonique français, les stations, publiques ou privées, occupent une place chère au cœur des Français. Objet de consommation massive, le transistor, aboutissement des progrès techniques, distribue désormais, partout et pour tous, une information et des programmes de plus en plus variés et typés. Vecteur d'une modernisation des modes d'écoute, le transistor illustre aussi une révolution des pratiques culturelles : la radio est devenue, au sens strict du terme, un objet du quotidien.

◆ Pour aller plus loin

ECK (H.), *La Radiodiffusion française sous la IVe République. Monopole et service public (août 1944-décembre 1953)*, Université Paris X, 1997 – BUSSIERRE de (M.), MÉADEL (C.), ULMANN-MAURIAT, (C.), *Histoire des programmes et des jeux à la radio et à la télévision*, 1986 ; *Histoire des informations à la radio et à la télévision*, 1989 ; *Histoire des années cinquante à la radio et à la télévision*, 1991 ; *Radios et télévision au temps des « événements » d'Algérie*, 1999.

12. LA CONQUÊTE DU PETIT ÉCRAN

I. DANS L'OMBRE DE LA RADIO

A. Un départ difficile

Si les émissions reprennent dès l'installation du nouvel émetteur en octobre 1945, la télévision garde, au départ au moins, un caractère très expérimental : peu d'argent, peu de professionnels, des techniques balbutiantes et… peu de public. Elle souffre en outre de vivre sur un budget annexe de la radio et les infrastructures sont longues à mettre en place. W. Porché, directeur général de la radio-télévision, n'a de cesse de plaider inlassablement pour « un statut et une maison ». Par ailleurs, le choix de la norme des 819 lignes, techniquement excellente, rend plus difficile les transmissions internationales et plus coûteuses le prix des récepteurs. Enfin, il n'existe pas vraiment de réseaux. Il faut attendre 1950 pour que s'ouvre la première station régionale, à Lille. Auparavant, seuls les Parisiens peuvent recevoir la télévision et en 1953, seulement 10 % du territoire capte les images de l'étrange lucarne. Le Parlement vote alors un plan prévoyant l'édification en cinq ans, (1954-1959), d'un réseau couvrant le territoire national ainsi que la modernisation des centres de production (Cognacq-Jay et les Buttes-Chaumont). Dès 1957, la télévision diffuse sur 50 % du territoire.

B. Premiers programmes

Dès 1947, la programmation est régulière, avec 12 heures par semaine. Elle passe à 34 heures en 1953 et 46 heures en 1956. En 1949 naît le journal télévisé, grâce à P. Sabbagh (avec G. Larriaga, P. Dumayet, R. Debouzy, P. Tchernia et G. de Caunes). À l'origine de cette aventure essentielle, ils pâtissent du peu de moyens alloués, mais bénéficient de l'indifférence des organismes de tutelle et des responsables de la RTF. Ce premier JT est diffusé cinq jours par semaine, vers 21 heures, et ne dure initialement qu'un quart d'heure. L'objectif est de donner aux téléspectateurs des images d'actualité plus fraîches que celles des informations cinématographiques, souvent vieilles d'une semaine ; mais ceci sans direct ni immédiateté, faute de moyens et de reportages efficaces, rapides. Sous l'impulsion de J. d'Arcy, directeur des programmes de 1952 à 1959, sont créées les premières « grandes émissions ». La dramatique en direct domine et caractérise cette télévision marquée par un idéal d'éducation populaire. Elle emprunte au répertoire du théâtre classique (Molière, Beaumarchais, Marivaux, Flaubert, etc.) ou contemporain (Colette, Cocteau, Romains, Courteline, Giraudoux). Les réalisations ont lieu sur les deux plateaux de Cognacq-Jay, en direct, avec quatre caméras de vidéo lourde. Les réalisateurs, dont Cl. Barma, R. Lucot, M. Bluwal, M. Cazeneuve, S. Lorenzi, J.-Ch. Averty, s'essayent aussi à la création. *La caméra explore le temps* d'A. Castelot, A. Decaux et P. Desgraupes, *En Votre Âme et conscience* de P. Dumayet et P. Desgraupes, *Si c'était vous* de M. Bluwal ou encore *les Cinq dernières minutes* de Cl. Loursais en constituent les plus beaux fleurons. Par ailleurs, *La piste aux étoiles*, de Gilles Magaritis, et *Trente six chandelles*, émission de variétés animée par Jean Nohain, ou encore les programmes culturels telle *Lecture pour tous,* introduisent une première diversification des genres.

C. Premier essor et premier enjeu

Mais la télévision fait encore figure de média sans public. L'équipement des Français est lent. En 1949, on recense 37 000 récepteurs ; en 1953, 60 000, avec l'effet bénéfique de la retransmission en direct du couronnement d'Élisabeth II le 2 juin 1953. Car ce sont en effet les grands événements qui favorisent l'essor de la télévision. L'heure est encore à l'écoute collective dans le cadre des télé-clubs qui regroupent les téléspectateurs à l'échelon local (quartier ou village), dans une mairie, dans une école.
De son côté, le personnel politique, d'abord peu sensibilisé par l'étrange lucarne, la découvre peu à peu. La retransmission de l'élection du Président René Coty par le congrès (décembre 1953) et la campagne télévisée des législatives de 1956 lui font prendre conscience de l'enjeu politique de la télévision. La politisation de la RTF ne tarde pas et sur fond de guerre d'Algérie le journal télévisé est rapidement mis sous haute surveillance.

II. LA TÉLÉVISION MAJORITAIRE

A. Un enjeu politique

L'ère gaullienne correspond d'abord à la popularisation de la télévision et à sa croissance interne. Elle focalise bientôt toutes les attentions. De 1958 à 1968, le taux d'équipement des ménages passe de 5 % à 62 %, tandis le réseau se développe, qu'on inaugure la seconde chaîne (1964), puis la couleur (1967). Progressivement, la télévision devient la source d'information et de divertissement dominante. Aussi apparaît-elle comme un outil taillé à la mesure du nouveau régime présidentiel. Avec le général de Gaulle, elle devient un canal privilégié de la communication élyséenne. Dès lors, l'enjeu qu'elle représente croît : la stabilité du régime, les tensions liées aux guerres de décolonisation et la conviction grandissante qu'elle exerce une influence décisive sur l'opinion, politise plus encore le débat sur l'audiovisuel. D'emblée le monopole d'État sur les ondes est étendu. En 1959, on précise ses prérogatives. Puis en 1960, le statut des personnels réaffirme le monopole de production.

La période gaullienne inaugure également l'ère des réformes. L'ordonnance de 1959 érige la RTF en établissement public, industriel et commercial. La loi Peyrefitte (1964) transforme la RTF en ORTF, remplace l'autorité du ministre de l'Information par la tutelle, et crée un conseil d'administration. Mais la portée des réformes est plus symbolique que réelle. Les règles proclamant haut et fort l'autonomie sont le plus souvent annihilées par d'autres trains de mesures. Dans les faits, l'ORTF reste sous la coupe d'une direction désignée par le pouvoir. Elle est soumise à un strict contrôle financier. Le rôle de son conseil d'administration est limité. Sa pratique et sa gestion quotidiennes sont malaisées.

Gaullisme d'État rime donc avec contrôle, particulièrement pour ce qui touche à l'information télévisée. Les directeurs de l'information, « politiques journalistes » d'obédience gaulliste, se succèdent à un rythme rapide. Le journal télévisé aux accents gaulliens est fade. L'opposition y est proscrite. Les conflits sociaux y sont étouffés et l'image de la France étroitement filtrée. La censure est chronique. Ainsi, dans une vision héritée de la IVe République et qui choque peu, la télévision demeure un « instrument magnifique de soutien de l'esprit public » (de Gaulle, 1963).

B. La diversification des genres

En dehors du politique, les programmes jouissent au reste d'une assez grande marge de liberté et se diversifient. Le volume croît, 2 341 heures annuelles en 1958, 3 000 en 1963, 6 000 heures en 1969. Les genres évoluent. La dramatique en direct s'efface. À la tête des programmes de 1959 à 1964, A. Ollivier, considère que l'émotion qui se dégage d'une émission est d'avantage due à son contenu qu'à son mode de diffusion. Par conséquent, l'introduction de séquences préalablement filmées ou magnétoscopées en extérieurs – les inserts – puis l'utilisation du film et de la vidéo pour la totalité de l'émission se généralisent. La tradition des grandes œuvres classiques persiste, mais sur film et vidéo. En témoignent *Les Perses* mises en scène par J. Prat (1962) et *Dom Juan* de M. Bluwal (1965). Par ailleurs, les réalisateurs cherchent à innover en créant des fictions inspirées de situations vécues et tournées en décors réels, que l'on dénomme d'abord « télévision-vérité » (*Un mariage à la campagne*, J. Krier, 1963), puis « écriture par l'image » (*De la belle ouvrage*, M. Failevic, 1970). Les premiers feuilletons ou séries connaissent un franc succès : *Vidocq* (1963) ou encore *La Demoiselle d'Avignon* (1972) introduisent les ferments d'une culture télévisuelle populaire. Parallèlement, la diffusion de films de cinéma s'accroît considérablement. Enfin, l'essor des variétés et surtout des jeux constitue l'autre bouleversement essentiel. *La tête et les jambes*, *Intervilles*, *la Grande Farandole*, ou encore *Les raisins verts* marquent durablement les esprits.

Parallèlement, l'information devient un genre essentiel. Par leur liberté de ton et le caractère soigné de leurs reportages, les magazines *Cinq Colonnes à la Une* (1959) et *Zoom* (1965) font éclater au grand jour les insuffisances et la sclérose du journal télévisé. En novembre 1959, P. Sabbagh en change la formule. Chaque soir, alternant d'un jour à l'autre avec ses confrères, un seul journaliste présente l'édition du début à la fin. Les principaux présentateurs sont Cl. Darget, R. Marcillac, J. Sallebert et M. Droit. Avec l'arrivée d'A. Peyrefitte au ministère de l'Information, un changement s'amorce. Il s'agit à la fois de « professionnaliser » les journaux télévisés et, sinon réduire leur contrôle politique, du moins mieux l'organiser, le rendre moins criant. Les directions se stabilisent. R. Marcillac est directeur de l'information télévisé de 1963 à 1965, E. Sablier de 1965 à 1968. Avec la réforme de 1963, le journal télévisé fait peau neuve. La nouvelle formule est fondée sur la priorité à l'image, jugée garante d'objectivité. Parallèlement, le rôle du meneur de jeu se modifie. Véritable coordinateur du journal et médiateur avec les spectateurs, le présentateur assure la jonction avec les images, les témoins et – fait nouveau – les « spécialistes ». La technique évolue. Jusque-là, la télévision ne se nourrissait que de ses propres archives et de celles des agences de la presse filmée. Dorénavant, elle dispose de celles des télévisions étrangères. Inauguré avec Telstar (liaison Europe-États-Unis, 1962), l'usage du satellite relais des images et des sons devient courant dans les années 1970. Un réseau permanent d'échanges d'images coordonné par l'UER (Union européenne de radiodiffusion) relie des rédactions européennes en nombre grandissant (8 en 1954, 20 en 1961…) pour partager les « EVN » (European News Exchange), dont le trafic augmente sans cesse (2 086 sujets émis en 1967, 6 018 en 1975). Parachevant cette évolution, l'introduction du « prompter » (1963) permet au présentateur de lire le texte du journal en donnant au spectateur l'impression qu'il le regarde « dans les yeux ». Cette *humanisation* participe assurément au succès de la télévision.

C. Le recul de l'emprise politique

Quelques signes annoncent un desserrement de l'emprise politique, en particulier la campagne présidentielle de 1965. Pour la première fois, un temps d'antenne égal est attribué à chaque candidat. La France découvre donc le(s) visage(s) de l'opposition. Le choc est d'autant plus marquant qu'il est suivi par le ballottage de Gaulle/Mitterrand. Dès 1966, *Face à Face* (formule américaine des *Meet the Press*) inaugure le pluralisme télévisuel. Un pas est franchi. De plus, le rôle des journalistes évolue. De faire-valoir, ils deviennent « interrogateurs ». La libéralisation se traduit encore dans l'évolution de la production de magazines : *Cinq Colonnes à la Une* et *Zoom* jouissent d'une liberté de ton et de mouvement grandissante. Du reste, ils continuent d'éviter la politique intérieure avec soin, s'en tenant à leur secteur de liberté : étranger, économie, sciences, phénomènes de société.
Malgré tout, les tensions politiques persistent. Les responsables des journaux parlés et télévisés assistent quotidiennement aux réunions du SLII (Service des Liaisons Interministérielles pour l'Information), officiellement chargé de coordonner l'information gouvernementale, ce qui lui permet, souvent, de la contrôler. Lors de la grève de mai 1968, le journal national est un enjeu majeur. La poignée de « jaunes » qui, au plus fort de la grève, choisit de travailler pour

continuer à produire un journal, restera longtemps en mauvais termes avec le reste des rédactions. Pour le reste, la « chasse aux sorcières » frappe en priorité les journalistes, comme à la radio.

D. L'âge des masses et de la concurrence

Après 1968, l'histoire de la télévision s'accélère. Après que la publicité de marques a été introduite sur la première chaîne (1968), la troisième chaîne est créée (1971). Simultanément, le parc de téléviseurs s'élargit de 4,4 millions en 1964 à 14 millions en 1974, alors que le volume d'émissions passe de 4 000 à 7 400 heures. Le 21 juillet 1969, la retransmission en direct des premiers pas sur la lune est un événement regardé par plus de 600 millions de téléspectateurs dans le monde. Par ces différents biais, la télévision entre dans l'âge des masses.
En 1969, la création de deux unités autonomes d'information dirigées par P. Desgraupes (1re chaîne) et J. Baudrier (2e chaîne) marque une étape essentielle dans le processus de libéralisation de l'information télévisée. Elle permet de briser « le tabou de la télévision une et indivisible ». L'idée de concurrence, implicitement contenue dans l'acceptation de la multiplication des chaînes, s'accroît encore avec la création de deux directions autonomes (1970). La concurrence est vue comme un remède aux problèmes de la télévision. De fait, une attention particulière est portée à l'audience (le service des relations avec l'extérieur se transforme en service des études de marché). Pour les directeurs, battre « l'autre » chaîne devient un souci majeur. Du coup, la télévision bascule du *modèle culturel* au *modèle de divertissement*. Les genres populaires, jeux, sport et feuilletons prennent une place accrue à l'heure du *prime time*. Les nécessités de l'audience, les exigences du flux prédominent désormais sur les exigences éducatives de l'ancienne télévision monopolistique. En devenant un objet de consommation de masse, la télévision est vouée à une inévitable mutation.

◆ Pour aller plus loin

BOURDON (J.), *Histoire de la télévision sous de Gaulle*, 1990 – BOURDON (J.), *Haute fidélité. Pouvoir et télévision*, 1994 – BOURDON (J.), CHAUVEAU (A.), DENEL (F.), MÉADEL (C.), GERVEREAU (L.) (dir.), *La Grande aventure du petit écran*, 1997 – LÉVY (M.-F.), *La Télévision dans la République. Les années 1950*, 1999.

13. UN NOUVEL ÂGE DE L'ÉCRIT ?

L'évolution de la presse écrite de 1974 à 1998 confirme les métamorphoses des années 1960, mais en les amplifiant de telle façon que son profil et son rôle en sont largement transformés.

I. LES AVATARS DE LA MODERNITÉ

De 1974 à 1996, la presse vit une crise : les tirages de la PQN chutent de 44 % et la PQR, jusque-là privilégiée, subit une érosion de 8 %, tout en perdant de nombreux titres. Conjugué au déficit de diffusion par rapport à la croissance démographique, cette situation entraîne le passage à un taux de pénétration des quotidiens inférieur à 200/1 000 – le plus bas au XXe siècle. Certes, l'accroissement du tirage total annuel tous supports confondus (7 milliards au début des années 1970, 8,12 en 1996) pondère le déficit des quotidiens et prouve que tous les secteurs ne sont pas en crise. Mais la presse écrite vit pourtant une mutation radicale.

A. Les effets de la crise

La concurrence et l'attraction de la presse hebdomadaire et magazine, évidente dès les années 1960, comptent parmi les principaux agents du recul des quotidiens. Mais celles de la télévision, en plein essor, avec une audience démultipliée, sont encore plus forte. Ainsi, en 1989, les Français préfèrent s'informer grâce au journal télévisé (63 %) plutôt qu'en lisant un quotidien (43 %). Image, couleur, mise en scène, mouvement et brièveté de l'information sont des atouts contre lesquels les quotidiens luttent difficilement. Cependant, la presse a les moyens de répondre à cette évolution : augmentation de la pagination, usage accru de la photographie et de la couleur, modernisation de la mise en page et de la qualité de tirage grâce à la photocomposition, à la PAO, à l'infographie (*cf.* à la révolution informatique de notre décennie). Ces nouvelles pratiques alourdissent du reste le prix de revient et de vente, que renforcent encore la surcompensation subséquente à la baisse des tirages, l'augmentation de la masse salariale et le net fléchissement des revenus publicitaires. La conséquence directe de cette situation perverse est que le prix de la presse progresse deux fois plus vite que les prix de détail.

	1970	1973	1983	1992	1996
Indice général	100	102,2	349,3	488,7	530,2
Journaux	100	138,4	648,0	924,3	1020,4
Revues	100	143,6	439,7	704,1	715,7

D'après P. Albert, *La Presse*, 1998, p. 39

Cette évolution montre à l'évidence qu'avant la recherche d'une diffusion monstre domine, à partir des années 1970, la logique de la rentabilité. La crise économique de 1973-1974, accélère en effet le basculement vers une gestion moderne des entreprises. Pour essayer d'endiguer la fuite des lecteurs et les déficits, elle banalise le marketing, le ciblage du public, les stratégies de développement. Parallèlement, le recrutement est toujours plus exigeant. Les journalistes sont en majorité issus d'écoles spécialisées, de cursus d'information-communication. La place des postes administratifs, financiers, commerciaux, publicitaires s'accroît. Enfin, le nombre d'ouvriers recule à proportion de l'automatisation des tâches ; entraînant d'ailleurs de graves conflits, puisque 70 à 80 000 emplois directs et indirects générés par la presse ont disparu depuis 1962.

B. Damoclès ou la loi de l'adaptation continue

À mesure que se reforment d'énormes groupes de presse, on passe donc, entre 1970 et 1980, à une phase d'adaptation à la logique de marché renvoyant à l'évolution générale de la société, des pratiques économiques, de la mentalité des décideurs. Une entreprise de presse de 1999 diffère foncièrement d'un journal de 1945-1960. Mais cette transition n'implique pas une crise systématique de la presse. Ainsi, le nombre de journalistes ne cesse d'augmenter (6 800 en 1955, 29 100 en 1996 à 75 % dans la presse écrite). Quand à la presse magazine, elle ne s'est jamais aussi bien portée.

Contredisant ceux qui prédisaient sa défaite face à l'image, l'écrit a donc su résister à l'assaut télévisuel. Nonobstant, ses conditions d'existence ont radicalement changé, comme celle de l'édition, et la loi de l'adaptation permanente aux fluctuations du marché pose de réels problèmes. La principale gageure des journaux tient désormais à leur capacité à changer rapidement et utilement de forme et modifier leur contenu en fonction de l'attente des lecteurs et pour coller aux modes. Ainsi, pour maintenir sa diffusion, *Libération* a vécu deux mues en dix ans ; rajeunissant ainsi sa mise en page et s'ouvrant plus largement au sport, aux médias, aux cahiers spéciaux (sciences par exemple). *Le Monde* a dû revoir format, mise en page et définir un contenu un peu moins élitiste pour perdurer. Dans un autre registre, *Paris-Match* a cessé d'être un hebdomadaire illustré d'information populaire pour devenir un titre *people*, légitimé avant tout par sa capacité à publier des scoops sur le show-business, et résistant ainsi à une concurrence accrue tout en répondant aux aspirations d'un public de plus en plus friand de presse à scandale.

Autre problème de taille : les pratiques de lecture des Français. Traditionnellement infidèles, ils sont devenus butineurs, changeant souvent de lecture. Cette particularité se traduit par un très faible taux d'abonnement par rapport aux grands quotidiens étrangers et par la place grandissante des magazines. Cette lecture aléatoire s'explique aussi par l'évolution des pratiques de loisirs. Ainsi, malgré l'augmentation du temps libre, les Français consacrent moins de temps à la lecture : 55 % parcouraient un quotidien chaque jour en 1973 et moins de 40 % en 1998, avec un recul plus prononcé chez la génération 15-34 ans, *id est* celle qui a toujours vécu avec la télévision. Le rôle déstabilisateur de la diversification des loisirs est ici très fort, tout comme la centralité de la télévision dans le champ médiatique. L'infidélité des lecteurs peut également tenir à l'évolution la représentation de la presse et de son rôle. En effet, plusieurs sondages récents montrent que plus de 50 % des Français jugent qu'il y a une différence entre la réalité et la façon dont la répercutent les médias. Sans parler de crise de confiance, on verra ici le signe d'une méfiance vis-à-vis de l'information, qui peut accentuer l'instabilité des lectures.

II. L'INFORMATION GÉNÉRALE ET POLITIQUE

Si aux yeux des Français le quotidien reste le canal privilégié de l'information « sérieuse » de l'ensemble de l'appareil médiatique, cela ne les empêche pas de l'acheter de moins en moins… PQN et PQR ne comptent plus aujourd'hui que 67 titres. Après la reprise des années 1980, la baisse de leur tirages moyens est éloquente, d'autant que, depuis 1996, leur crise de diffusion, devenue européenne, connaît un net durcissement qui met en sursis les publications les plus fragiles.

	PQN (millions)	PQR (millions)	Total
1975	3, 20	7,41	10,61
1985	2,77 (-13,1%)	7,10 (-4,19%)	9,87 (-6,98%)
1995	2, 84 (+2,41%)	6,88 (-3,1%)	9,72 (-1,52%)
1996	2,15 (-24,38%)	6,92 (+0,58%)	9,07 (-6,69%)
1997 (estimation)	2,10 (- 2,38%)	6,70 (-3,18%)	8,80 (-2,98%)

D'après SJTI, *Tableaux statistiques de la presse* 1996 et 1998

A. La presse quotidienne nationale affaiblie

Avec 11 titres en 1998 et une décroissance de plus d'un million d'exemplaires/jour depuis 1975, la PQN accuse un énorme recul. L'avenir est peuplé d'incertitudes vues les fortes pertes estimées pour 1997 et l'état probable des tirages en 1999 (pas un titre au dessus 500 000, ce qui n'a jamais été le cas depuis les années 1880). Illustration symbolique, la presse populaire et généraliste de la tradition de *Paris-Soir* subit une très forte déperdition. Elle vend cinq fois moins en 1996 qu'en 1969. Reconverti en quotidien régional avec plusieurs éditions (dont une nationale, *Aujourd'hui*), *Le Parisien* ne tire qu'à 468 000. *France Soir* a perdu près de 80 % de ses lecteurs depuis 1974 (173 000 en 1996) en dépit de son bas prix (3f80). On enregistre aussi de nombreux échecs : *J'informe* en 1977, *Paris Ce soir* en 1984, *Information* en 1994. La disparition d'*Infomatin* (janvier 1994 à janvier 1996) a enfin montré que les bas prix n'étaient pas forcément le viatique pour relancer des titres populaires de lecture facile.

L'effondrement de la presse politique ou politisée est patente. En témoigne l'effondrement des tirages de *l'Humanité* (67 000 en 1996) et les échecs très récents du *Quotidien de la République* (1998), ou celui, plus ancien, du *Matin*. Lancé en 1977 par le propriétaire du *Nouvel Observateur*, Cl. Perdriel, avec à sa tête F.-H. de Virieu, *Le Matin* profite de la dynamique socialiste de conquête du pouvoir. Mais ses tirages (181 000 en 1980, 100 000 en 1986) sont trop faibles pour éviter la disparition en 1988 d'un titre qui avait pourtant sa place dans l'éventail des quotidiens.

Le seul survivant des expériences politiques des années 1970 est *Libération*. Fondé en avril 1973 par une poignée d'ex-soixantehuitards proches de la Gauche Prolétarienne, posé sur les fonds baptismaux par J.-P. Sartre, « Libé » n'a jamais cessé depuis de donner son tribut à la règle de l'adaptation, tant dans le ton que dans la forme. Néanmoins, le journal de S. July, un des principaux aiguillons de l'innovation en matière de traitement journalistique depuis trente ans, s'est depuis longtemps défait de son maoïsme initial. Après de difficiles débuts (18 000, 1975), il a su, avec son style propre d'écrit-parlé et sa « rhétorique de la désinvolture » (M. Truffet, *Histoire et Médias*, 1990) atteindre 40 000 en 1980, 195 000 en 1988. Mais les années 1990 l'ont obligé à une recapitalisation (1994), à la densification de son contenu, au recul son ton polémique et à la mise en place de nouvelles formules éditoriales qui lui permettent de se maintenir à 169 000 (1997), ce qui ne protège pas des avaries graves. Il n'en reste pas moins que *Libération* apparaît comme le symbole d'une nouvelle génération de lecteurs de la presse quotidienne, attachés à l'exigence notamment des pages culturelles et du contenu *politisé* de leur journal.

Après plusieurs restructurations et recapitalisations extérieures, *Le Monde* garde son statut de journal de référence – en grande partie grâce à la pression de la société de rédacteurs qui veut préserver l'indépendance rédactionnelle du journal et qui a su survivre à la crise des années 1980 au cours de laquelle on l'accusait d'une trop grande complaisance à l'égard du gouvernement. Nonobstant, celui qui affichait la plus constante progression de 1945 à 1974, recule : (445 000 en 1980 et seulement 338 000 en 1996).

Seul *Le Figaro*, fleuron du groupe Hersant, à l'apogée en 1969 (538 000) est passé de 311 000 en 1980 à 483 000 en 1997, sous la houlette de F.O. Giesberg, ex-rédacteur en chef du *Nouvel Obs* et avec l'appui de suppléments à succès (*Figaro-Magazine*, créé en 1979, *Figaro Madame* en 1981). Outre la bonne santé relative du *Figaro*, seuls les quotidiens économiques et sportifs gagnent en audience. *La Tribune* et *Les Échos* doublent leurs vente de 1987 à 1997. *L'Équipe* passe de 223 000 en 1981 et 381 000 en 1997.

B. La presse quotidienne régionale ébranlée

Si moins elle subit de moins forts bouillons et que la stabilité de son lectorat reste grande, la PQR a significativement reculé en perdant 14 titres depuis 1975 (57 en 1996) et 490 000 lecteurs. Ce n'est plus le secteur privilégié d'autrefois. Un seul gros titre, *Ouest-France* (786 000 en 1997) domine une poignée de journaux tirant au dessus de 200 000 (*Sud-Ouest, La Voix du Nord, Le Dauphiné Libéré, Le Progrès de Lyon, La Nouvelle République du Centre*). Là où la plupart perdent beaucoup de lecteurs, seuls *Ouest-France* et *Le Télégramme de Brest* progressent. En outre, les situations de monopoles tendent à s'accentuer : *Le Midi Libre* a le monopole en Hérault, Gard, Lozère, et domine en Aveyron et Aude ; *Sud-Ouest* l'imite en Gironde et Dordogne, Charentes, Landes et Pyrénées Atlantiques grâce à ses filiales.

C. Les périodiques toujours dynamiques

Contrastant avec les tirages moroses des quotidiens et selon un scénario propre à la France, la presse hebdomadaire se porte bien, jouant probablement, dans sa conjugaison avec la succincte information télévisée, un rôle de substitut au quotidien (Jeanneney, 1996). De *National-Hebdo* (Front National) au *Canard Enchaîné* (institution tirant en 1996 à 478 000), au *Journal du Dimanche,* hebdomadaires d'information, organes, journaux du septième jour vendent beaucoup. C'est en particulier le cas des news. Ils tirent 1 650 000 en 1996 pour 1 250 000 en 1976 (+33 %). *L'Express*, désormais second derrière *Le Nouvel Observateur* (469 000), tire à 424 000 ; *Valeurs Actuelles* à 90 000 ; *Le Point* à 309 000. *L'Événement du Jeudi*, fondé en 1984 par J.-F. Khan, est stable à 200 000. En 1995, Khan, parti de l'*Événement*, crée *Marianne*, un succès. Provocation, virulence et débats d'idées lui permettent, avec un esprit rappelant parfois celui du *Canard*, de tirer à 170 000 en 1997.

III. L'ÂGE D'OR DES MAGAZINES

L'ascension et la domination actuelle des magazines est donc l'élément le plus spectaculaire de l'histoire récente de la presse. C'est une spécificité française. Non compris la presse spécialisée technique (1 250 titres), plus de 900 titres peuplent un univers foisonnant et émietté marqué par une hyper spécialisation croissante, dont on ne trouve jamais qu'un petit échantillon sur les présentoirs, déjà impressionnants, des librairies achalandées. Pour prendre la mesure de cet envol, deux chiffres : 61 % des Français lisaient régulièrement un magazine en 1967 et plus de 90 % en 1994 ; les magazines représentent 49 % des tirages en 1975 pour 57,4 % en 1997. Pourquoi un tel engouement ? Il renvoie à l'évolution de la société : transformation et diversification des pratiques culturelles et de loisirs, augmentation du temps libre. Ainsi, à l'heure où s'affirme l'expression « senior » à la place de « troisième âge » et où l'espérance de vie ne cesse de s'allonger, on peut souligner la réussite de la presse des retraités : *Notre*

Temps (1988) vend plus d'un million de numéro chaque mois. Dans un autre registre, les magazines TV représentent 36 % des tirages. Comme le souligne P. Albert (1998), la force des magazines dépend donc étroitement d'une légitimité qui n'est plus attachée au seul *temps* de l'information (coller à l'actualité), mais à la spécialisation d'un contenu identificateur (pratiques spécifiques) et renvoyant à un idéal de détente par la lecture. Conjugué à la méfiance vis-à-vis de l'information et à une probable saturation des lecteurs par rapport à l'actualité, souvent inquiétante, ce transfert explique partiellement l'impasse dans laquelle se trouvent les quotidiens. Ceux-ci sont d'ailleurs soucieux d'offrir à leurs lecteurs des pages « magazines » de plus en plus étoffées, sous forme de rubriques régulières, cahiers, de suppléments (*Libération*, *Le Monde*), et des suppléments TV.
Outre la puissance des magazines de télévision, du maintien de la valeur sûre de la presse féminine, l'émergence marquée d'une presse économique pour le grand public, etc., certains secteurs sont révélateurs des principales directions de l'évolution en cours, lesquelles ramènent toutes vers l'idée, protéiforme, d'une lecture d'évasion.

– Influencée par les journaux à scandale anglais, la **presse d'indiscrétion** dite *« people »* vit un essor frappant. Sans doute bénéficiaire d'un report des quotidiens populaires et du voyeurisme fantasmatique qui pousse les lecteurs à s'identifier aux riches tout en oubliant quelques minutes la crise sociale et économique, ce journalisme d'indiscrétion sur la vie des vedettes du show-business, de la politique et des médias fait la réussite de *Paris-Match* (825 000 en diffusion mondiale), de *France Dimanche* et de *Gala, Voici, Entrevue, Olla...*

– À l'heure ou le temps libre est devenu un sujet de société et une question politique, la **presse d'évasion de voyage et/ou de patrimoine** connaît une forte progression avec probablement une bonne marge de développement. En témoigne le populaire *Géo* (517 000 en 1996) et le développement, outre de nombreux titres indépendants, de groupes spécialisés à vocation régionale ou de « territoire » et/ou touristique tel le groupe Freeway, à la tête de six titres, dont *Pays de Bretagne*, *Pays de Bourgogne* et *Terre Provençale* (tirages honorables d'environ 50 000).

– Avec 100-120 titres depuis une dizaine d'années et une santé digne de celle de *l'Équipe*, la **presse sportive** semble elle aussi, en dehors des locomotives liées au cyclisme, au football, au rugby ou au basket, vouloir s'étoffer, évoluant au rythme d'un des principaux phénomènes socioculturels des trente dernières années : la forte croissance et la diversification des pratiques sportives. Ainsi, à mi-chemin entre sport et loisir, le groupe SOFIMAV implanté à Toulouse s'est spécialisé dans l'édition de magazines *aquatiques* : *Natation*, *Apnea, Océans*. Dans un autre registre, certaines pratiques spécifiques donnent lieu à la publication de titres dédiés à un public hyper-ciblé, comme en triatlhon (*220*, *Triathlon*).

IV. AU SEUIL DU XXIe SIÈCLE

La principale caractéristique de la période récente est l'affirmation d'une concurrence exacerbée par la course à l'audience, à la rentabilité. Le corollaire en est l'élargissement du champ informatif et une spécialisation croissante débouchant sur l'émiettement de l'information. Quelles peuvent être les conséquences de cette évolution ? La surqualification de l'information magazine dominante et de plus en plus attrayante, ajoutée à celle de la télévision, n'entamera-t-elle pas, à terme, la capacité de la presse généraliste et de la presse politisée à jouer son rôle capital de forum du débat social et politique ? Il n'y a pas de réponse définitive. Il est certain, pour l'heure, qu'outre la santé des hebdomadaires d'opinion, l'aide de l'État pondère les effets néfastes de la concurrence sur la fonction politique de la presse quotidienne. Sans cette aide, les quotidiens pâtiraient plus durement de l'état de leurs finances, souvent incertaines. Mais l'aide va d'abord aux entreprises solides, ce qui ne garantit donc pas le renouvellement de l'information écrite et maintient plutôt un *statu quo*. Aussi, face à la faiblesse des quotidiens et dans une situation où ni la télévision ni les nouveaux médias n'ont prouvé qu'ils pouvaient servir de canal central au débat démocratique, le principe du soutien public à la presse écrite, surtout aux quotidiens, paraît plus que jamais légitime et nécessaire. Principalement parce que, comme le souligne M. Martin (1997), nous sommes à une croisée des chemins : l'enjeu du maintien d'une presse d'information solide et diverse renvoie à une réflexion de fond sur l'état du débat politique et social en France à l'aube du XXIe siècle. En effet, « si la fiabilité de l'information fournie par la presse est mise en doute, cela ne signifie pas que dans la culture politique française elle ait cessé d'incarner la liberté du débat démocratique ». Dès lors, il apparaît pertinent de se demander si la crise qui touche l'information générale et politisée, n'est pas un aspect de la crise du politique ; et si, d'autre part, le succès grandissant des magazines – d'évasion en particulier –, outre qu'il satisfait à une curiosité culturelle réelle, n'est pas un moyen pour l'opinion déboussolée de fuir la crise du politique ?

14. RADIO : L'ÉLAN DANS LA DIFFÉRENCE

I. LA RENAISSANCE DES RADIOS PRIVÉES

A. Des radios pirates...

Depuis la fin des années 1960, à l'instar des expériences étrangères (Radio Caroline en particulier, célèbre radio britannique), quelques initiatives isolées, telle Radio Campus, ouvrent la voie à un phénomène qui bouleverse le paysage radiophonique français en quelques années : les radios « pirates », qui déferlent sur la France à la fin des années 1970. Dès 1978, une quinzaine d'entre elles narguent les brouillages de TDF. Partie de Paris, la contagion touche la province, la Bretagne (Radio Cornouailles 101, Radio 44), le Nord (Radio Calamine, Radio Libre 59, Radio Uylenspieglel) et l'Est (Radio Verte Fessenheim). Au carrefour de deux mouvements (le progrès technique et les aspirations à la communication sociale) ces stations offrent une tribune d'expression à des minorités d'inspiration diverses. Certaines sont écologistes (Radio Trou des Halles, Radio Active, Radio Verte), syndicales (Lorraine Cœur d'Acier, Radio Quinquin pour la CGT ; Radio Dufour et SOS Emploi pour la CFDT). D'autres, « alternatives », cherchent à s'imposer par un langage typé, parfois par la provocation. Enfin, certains postes à but commercial s'inscrivent dans la tradition des radios périphériques (Radio-Fil-Bleu). Mais c'est encore le temps du bricolage, de la précarité, de l'amateurisme.

Les « radioteurs » s'organisent du reste. Les associations engagent des batailles juridiques. Proche des Républicains indépendants, brouillée et privée de matériel, Radio-Fil-Bleu porte plainte contre TDF le 21 juillet 1977, pour réclamer la mort du monopole. Dans la foulée, fin décembre 1977, est fondée l'Association pour la Liberté des Ondes (ALO). Elle assure la coordination et la défense juridique et politique des radios libres. Le 4 juin 1978 enfin, après une scission, est créée la Fédération nationale des Radios libres non commerciales (FNRLNC, puis FNRL) qui tient à se démarquer de toute entreprise visant à exploiter la liberté d'expression à des fins marchandes.

B. … aux radios locales privées

En septembre 1981, TDF détecte 350 radios. Leurs orientations sont multiples : radios de quartier (Aligre), confessionnelles (Radio Notre-Dame), politiques, syndicales (Radio Libertaire, Radio Solidarité, d'extrême droite). Elles sont liées à des groupes de presse (Radio Express), sont interactives (Ici et Maintenant, Carbone 14) ou exclusivement dévouées à la musique (Latina, Radio Classique). Le monde des radios « libres » fonde de grands espoirs sur la victoire récente de F. Mitterrand. Le PS ne s'est-il pas lancé lui-même dans la bataille en créant Radio Riposte (juin 1979) pour laquelle F. Mitterrand a été condamné ? La bataille s'engage donc pour obtenir des fréquences et prendre date afin de bénéficier du privilège d'antériorité pour le droit à la diffusion. Mais, très partagé sur la libéralisation de ce secteur, le gouvernement multiplie les commissions, les consultations, et ne définit avec les fédérations qu'un code de bonne conduite. Devant la cacophonie ambiante, l'idée d'une législation provisoire s'impose pourtant. La loi du 9 novembre 1981 légalise les radios associatives, locales et indépendantes. Elle fait cependant l'impasse sur les appétits commerciaux et politiques que réveille cet enjeu et interdit le financement par la publicité, fidèle au vœu du Premier ministre P. Mauroy déclarant « Non aux radios fric ! »

Rapidement, une réalité s'impose à tous : les limites de l'espace hertzien. Par la loi du 29 juillet 1982, la Haute Autorité de la communication audiovisuelle, désormais en charge du dossier, tente de parer à la pénurie en demandant à TDF de revoir son plan de fréquence et en organisant des mariages entre radios. Mais la cohabitation de plusieurs radios se partageant les créneaux horaires sur une seule onde pose problème et entraîne de nombreux divorces. Ainsi en va-t-il des radios créées par des communautés immigrées parisiennes qui se sentent atteints dans leur intégrité culturelle. De leur côté, les radios juives (Judaïque FM, Radio J, Shalom, Radio Communauté) entretiennent à l'antenne leurs divergences sur la question israélienne. Autre exemple : Radio Classique supporte mal le musette de Radio Montmartre et le répertoire sud-américain de Radio Latina. Fin 1984, 1 240 associations se partagent 1 010 fréquences et les projets de nouvelles stations foisonnent.

Or les ambiguïtés de la loi font surgir des difficultés insurmontables. Formes juridiques obsolètes, la plupart des petites associations de départ sont devenues des façades pour des entreprises qui vont contre la volonté du législateur. Certaines d'entre elles sont en effet financées par des municipalités ou des conseils généraux. TSF 93 émane du Conseil Général et des municipalités de gauche de Seine-Saint-Denis. CVS est dirigée par R. Faure et créée à l'initiative de la municipalité CDS de Versailles. D'autre part, certaines radios commerciales violent ouvertement les règles de financement sur la publicité (NRJ à Paris et RFM dans les Yvelines), de même que les stations soutenues par des groupes de presse. Le contexte s'en trouve brouillé, aussi bien à cause des pratiques publicitaires qui posent des problèmes inextricables, qu'à cause du dépérissement de certaines stations, tandis que d'autres, non autorisées, émettent malgré tout en occupant en toute impunité des fréquences attribuées aux radios autorisées.

Face à ces difficultés, F. Mitterrand se prononce en faveur de l'introduction de la publicité : la loi du 1er août 1984 permet aux radios locales privées, qu'elles soient commerciales ou associatives – d'y avoir recours. Pour s'assurer la fidélité des auditeurs et des annonceurs, les radios commerciales se lancent alors dans une course à la puissance dans les zones démographiques denses. Cette bataille à pour conséquence à la fois de brouiller l'écoute de Radio France et des radios concurrentes et de perturber le fonctionnement de divers services publics. Aussi la Haute Autorité prend-elle la décision de suspendre six des radios qui contournent avec le plus d'audace les règles en vigueur (NRJ, Voix-du-Lézard, 95,2, Solidarité, TSF 93 et Libertaire). En réponse, J.-P. Baudecroux, fort du statut de première des radios parisiennes de NRJ – qu'il dirige – et des appuis dont il bénéficie au PS, organise une manifestation qui décourage les pouvoirs publics d'agir (8 décembre 1984). C'est un tournant. Les radios commerciales s'imposent. Les réseaux, interdits par la loi de 1982, prospèrent. Les grandes stations proposent aussi leur savoir-faire. Europe 1 propose ses services pour les radios locales. RTL collabore avec plusieurs antennes provinciales.

II. LA VITALITÉ DU SECTEUR PUBLIC

Après 1974, l'éclatement de l'ORTF permet de rassembler au sein de Radio France les antennes du secteur public. L'entreprise dispose de deux grands atouts pour relever les défis de la double concurrence des radios privées et de la télévision : en premier lieu financée principalement par la redevance, elle souffre moins que ses concurrentes de la pression de l'audience ; en second lieu, la complémentarité intrinsèque à la diversité de ses programmes lui donne une grande liberté de manœuvre.

A. Les radios locales publiques

En 1971, P. Codou et J. Garretto lancent FIP, radio locale parisienne musicale accompagnée d'informations. Avec le développement de l'autoradio et de la FM, FIP est un succès. L'expérience sera poursuivie en province (les FIR).
Entre mai et septembre 1980, pour répondre à la concurrence des radios « libres » et aux aspirations de communication régionale, Radio France met en place trois stations décentralisées : Fréquence Nord (à vocation régionale, diffuse sur le Nord-Pas-de-Calais et la Somme), Radio Mayenne (d'échelle départementale), Radio Melun (à vocation purement urbaine). Ces stations ont pour objet de couvrir l'actualité régionale, locale tout en donnant la parole aux associations, aux élus, à la population. Dès 1981, elles ont fait leurs preuves. L'expérience se révèle être un succès. Après mai 1981, la politique de décentralisation du gouvernement Mauroy en accentue la portée. La loi du 29 juillet 1982 attribue à Radio France la mission de développer des radios décentralisées et lui confie les radios régionales gérées jusqu'alors par FR3. En décembre 1982, 10 radios locales sont créées. Fin 1985, Radio France dispose d'un réseau de 29 radios locales, de 8 programmes décentralisés et de 11 FIR. La notion de réseau se renforce. Les stations sont rebaptisées (Radio France restant le dénominateur commun) et les radios locales diffusent trois fois par jour le bulletin d'information de France Inter. Parallèlement, Radio France organise trois ateliers de création radiophonique décentralisée (Provence-Méditerranée, Nice, Strasbourg) où l'on sollicite les talents régionaux en réalisant des feuilletons, des dramatiques. Malgré quelques révisions à la baisse par rapport aux ambitions initiales, les aléas politiques et les restrictions budgétaires, Radio France parvient à créer un réseau de 39 radios couvrant 50 % du territoire et émettant 24h sur 24. Ces stations ont conquis un public quotidien de 3,2 millions d'auditeurs, égal à 25 % de l'audience Radio France (Médiamétrie, mars 1997). Elles réalisent entre 6h et 14h de programme spécifique, complété par le programme Modulation de Fréquence. « Radios de pays »,

elles remplissent ainsi une vraie mission de proximité répondant à ce qu'on attendait d'elles.

B. Les stations nationales

La vitalité du secteur public touche aussi les stations nationales. France Inter reste le programme généraliste et emblématique de la Maison ronde. Il s'adresse au grand public et connaît, après une période de turbulences, un nouvel essor dès 1986. France Musique et France culture constituent toujours deux programmes thématiques haut de gamme abritant des genres radiophoniques presque absents des autres stations. Créée en 1987 par R. Faure, France Info, entièrement consacrée à l'information, connaît un succès large et rapide. Radio France a aussi développé des stations pour des publics particuliers : Radio Bleue pour les seniors, le Mouv' pour les jeunes, Radio Urgence pour les exclus.

C. Les stations internationales

Héritière d'une histoire entamée en 1931 avec le Poste colonial, Radio France Internationale (RFI) voit le jour en janvier 1975. Ce n'est encore qu'une simple direction de Radio France destinée à émettre des programmes quotidiens à destination des pays francophones. Mais en quelques années, elle étoffe ses missions, conquiert de nouveaux territoires et affirme son autonomie. En 1982, elle devient une filiale de Radio France et connaît un essor important grâce à un plan quinquennal de développement visant à étendre au monde entier un service français en ondes courtes. Indépendante en 1987, RFI forme dès lors une société nationale distincte de Radio France – son capital restant public. Depuis 1996, elle privilégie et se modernise (nouveaux procédés de diffusion : câbles, satellites, service audio sur Internet). Elle comprend RFI 1 (programme continu en français), RFI 2 (émissions en 18 langues) et RFI 3 (banque de programme pour les radios du monde entier). Multilingue et pluriculturelle, RFI a élargi son public naturel, francophones expatriés et francophiles à un auditoire d'environ 30 millions de personnes, ce qui permet de l'intégrer au quatuor des grandes stations internationales avec la *BBC*, *Deutsche Welle* et *Voice of America*. Cette force explique qu'elle joue notamment un rôle politique en Afrique et que l'image de RFI « voix de la France » soit tenace, en dépit d'un affranchissement de la tutelle politique.

Quant à Radio France Outremer (RFO), elle assure depuis 1983, grâce à neuf stations, un service important (où programmes locaux alternent avec la retransmission de France Inter), à destination des départements et territoires d'outremer.

III. UN PAYSAGE REDÉFINI

Contre ceux qui prophétisaient sa perte, face en particulier à la concurrence télévisuelle, la radio se porte bien, accroît son public – public qui, d'ailleurs, accorde une plus grande confiance à ses informations qu'à celles de la télévision. À la fin des années 1990, les 1 200 opérateurs de France se partagent donc entre trois grands secteurs.
Avec ses radios locales, nationales et internationales, le secteur public a su affirmer sa différence et une identité porteuse.
Le secteur privé commercial comprend deux groupes. D'une part une quinzaine de radios nationales dominées par NRJ, RTL, et Europe 1, qui développent trois formats radiophoniques différents. Anciennes radios périphériques, RTL et Europe 1, mettent l'accent sur une programmation informative. La musique n'y est pas dominante et les émissions démontrent une vraie diversité. En revanche, les trois radios du groupe NRJ (NRJ, Chérie, Rire et Chansons) n'accordent qu'une place infime aux nouvelles, réservant l'essentiel de leurs programmes à la musique et aux directs mettant en scène les auditeurs (liaison téléphone). Autres stations commerciales : les radios locales commerciales. Elles sont dans une situation difficile, car la concurrence publicitaire avec les grandes stations fait rage, tant au niveau national que local ; et seuls les stations qui se regroupent, telle Vibrations, résistent vaillamment.
Enfin, le secteur privé associatif non commercial, soutenu par des associations culturelles ou cultuelles, parfois aidé par les collectivités locales ou les organismes publics, vit d'abord de la passion qu'inspire la radio à leurs animateurs et demeure néanmoins une des composantes essentielles du paysage radiophonique français.

◆ Pour aller plus loin

BERNARD (L.), *Europe 1, la grande histoire dans une grande radio*, 1990 – COJEAN (A.) et ESKENAZI (F.), *FM, La folle histoire des radios libres*, 1986 – JEANNENEY (J.-N.), *Échec à Panurge. L'audiovisuel public au service de la différence*, 1986.

15. LA TÉLÉVISION DÉMULTIPLIÉE

I. LA FIN DE L'ORTF

A. La réforme de 1974 : une autonomie élective

Le statut de 1974 poursuit deux objectifs essentiels : remédier aux défaillances de gestion et soustraire la télévision au virus de la politisation en assurant son autonomisation. Mais, en dépit d'une nouvelle campagne en faveur de la privatisation – qui atteint son paroxysme lorsque D. Baudoin, président de la SOFIRAD, dévoile un projet de privatisation de la 3e chaîne –, V. Giscard d'Estaing n'envisage apparemment pas cette solution. Le choix se porte finalement sur un éclatement de l'ORTF en sept sociétés partiellement concurrentes. Il s'agit d'appliquer au service public de l'audiovisuel les principes du libéralisme : « Autonomie, concurrence et responsabilité. » À travers la fondation de ces sept unités à échelle humaine, fonctionnant comme des sociétés privées avec des obligations de service public, la réforme introduite par la loi traduit l'aboutissement d'un processus dans l'air du temps et une rupture importante dans l'histoire de la télévision française. Les personnels en ressentent les conséquences : leur répartition entre les établissements nouveaux constitue un des épisodes les plus ardus de la réforme.

Point clé de la réforme : le gain d'autonomie. Aucune tutelle ne doit, en principe, limiter la marge de manœuvre des nouvelles sociétés. Aussi le discours de V. Giscard d'Estain aux présidents des sociétés publiques entend signifier une nouvelle ère : « Les pouvoirs publics n'entendent pas gérer (votre société) par votre intermédiaire. Ils vous en délèguent entièrement le rôle jusqu'à expiration de votre mandat sans jamais intervenir dans vos responsabilités de gestion et d'information. Si vous constatez un manquement à ce principe, que je considère comme fondamental, je vous demande de m'en rendre compte ». De plus, point crucial, les chaînes, désormais dotées d'un statut de sociétés anonymes, obtiennent enfin l'autonomie financière si longtemps revendiquée. Mais en dépit de ses vœux pieux, la réforme de 1974 est bien sous-tendue par une volonté de contrôle politique. Le démembrement de l'ORTF et l'affaiblissement, corrélatif, du pouvoir professionnel aggravent en effet la vulnérabilité politique du secteur audiovisuel public. La démultiplication des structures favorise l'ingérence politique, singulièrement pour ce qui touche aux nominations des responsables, toujours désignés en Conseil des ministres. Aussi la dénonciation de l'emprise gouvernementale, momentanément mise sous le boisseau, revient-elle de plus belle. D'autant qu'à cette critique du contrôle politique s'ajoute celle concernant la concurrence : la publicité et l'audience sont considérées comme de nouveaux maux affectant la liberté et entravant la mission de service public de la télévision. Ainsi, le débat est loin d'être clos. Professionnels et hommes politiques affûtent déjà leur argumentaire en vue d'une nouvelle réforme.

B. Une nouvelle culture de programmation

La réforme induit une immédiate évolution dans la gestion des programmes. Les genres jugés les plus aptes à soutenir l'effort concurrentiel font l'objet d'une grande attention. C'est particulièrement le cas des jeux et des émissions de divertissement. Le sport conquiert lui aussi de nouveaux territoires. La diffusion de films de cinéma va croissante, notamment sur FR3, chaîne du cinéma et des régions à partir de 1974. Les séries américaines progressent, au détriment des créations originales françaises. En somme, les genres populaires dominent, à 20h30 en particulier, heure à laquelle est réalisé l'essentiel des recettes publicitaires. Le « prime time » – première tranche horaire de la soirée – constitue dorénavant le point nodal de toute programmation.

L'information politique se transforme elle aussi. L'équilibre des temps de parole est maintenant à peu près respecté. Le droit de réponse et de réplique sont institués. On assiste à une relative professionnalisation de la communication politique. Le célèbre duel télévisuel de V. Giscard d'Estaing et F. Mitterrand entre les deux tours de la présidentielle de 1974 apparaît comme la matrice de cette mutation essentielle qui inaugure l'ère des grandes messes télévisuelles du politique. Les émission *Cartes sur Table* et *Le Club de la Presse* familiarisent le public avec le défilé des politiques. Et tandis que les hommes public s'initient aux règles du débat audiovisuel, les journalistes profitent d'une liberté de ton, voire de critique, inédite.

Toutefois, les tensions internes à la majorité et la proximité d'échéances électorales décisives entraînent d'imperturbables périodes de resserrement du contrôle.

II. L'ÉCLATEMENT DU MONOPOLE

A. Au cœur des années 1980 : un nouveau PAF

À partir de 1981, le paysage audiovisuel français (PAF) subit de nouvelles transformations. La loi du 29 juillet 1982 met fin du monopole d'État. Dans un premier temps, la nouvelle liberté est strictement encadrée. La logique de service public prévaut encore. Mais la création des chaînes privées change la donne.

Le 6 décembre 1983, Canal + est créé sous la forme d'une concession de service public, par convention entre l'État et l'Agence Havas. Le cahier des charges dénote un laxisme inattendu : la concession du réseau, pour douze ans, est renouvelable ; les contraintes de service public sont réduites au minimum. En outre, Canal + jouit du statut de média « le plus favorisé » pour la diffusion de films et doit consacrer un quart de ses ressources au cinéma. Vivant des abonnements souscris pas les téléspectateurs, ce qui en fait la première chaîne à péage en Europe, Canal + n'est pas autorisée à diffuser des spots publicitaires classiques. En revanche, elle a l'exclusivité d'une nouvelle source de recettes : le mécénat. C'est la première chaîne à péage en Europe.

Le 4 novembre 1984, M. Denisot inaugure l'antenne sous le parrainage de G. Depardieu. Canal + est alors dirigée par le tandem A. Rousselet (PDG) et P. Lescure (DG qui succède à A. Rousselet en 1994). Les débuts sont difficiles. Mais, grâce à l'infléchissement de sa programmation vers un style plus populaire, à l'obtention du droit de diffuser des spots publicitaires et à un nouvel accord avec la BLIC* pour la diffusion de films, la chaîne atteint son seuil de rentabilité en décembre 1985. Depuis lors, elle connaît une réussite économique constante, fondée au premier chef la fidélité et la croissance de son auditoire (4,2 millions abonnés en 1996).

À l'aune de la réussite de Canal +, la télévision commerciale devient soudainement vertueuse ! Sous la pression d'une vague libérale et pour parer à toute accusation sur le thème des libertés, le gouvernement, dont le regard est fixé sur l'échéance législative de 1986, cherche à s'assurer, dans la perspective d'une cohabitation qui semble inévitable, des positions de repli dans l'audiovisuel. Dès lors la machine s'emballe sans réflexion théorique ou critique préalable. Le 4 janvier 1985, à la surprise générale,

F. Mitterrand annonce la création de plusieurs chaînes privées. Le 31 juillet, à l'issue d'un Conseil des ministres houleux, G. Fillioud annonce le lancement de deux chaînes, l'une généraliste, l'autre à dominante musicale. Le 13 décembre, l'Assemblée vote un bref texte précisant les conditions d'attribution des nouvelles télévisions hertziennes.

Après bien des vicissitudes et des tractations tenues secrètes pour le choix des opérateurs, les concessions reviennent à des entrepreneurs proches du pouvoir. Le 20 novembre, la Cinq est confiée au trio Seydoux, Riboud, Berlusconi, alors que le réseau de chaînes aux mains de ce dernier en Italie fait pourtant figure « d'anti-modèle ». La décision provoque une tempête : le choix de ce triumvirat déconcerte, la procédure fait scandale. Plus encore, la convention de concession et le cahier des charges, très avantageux, provoquent une levée de boucliers. Il n'empêche, le 28 janvier 1986, TV6 est concédée, dans des conditions quasi similaires au groupe Publicis-NRJ-Gaumont. La révolution est complétée par un ambitieux plan câble et la réactivation des négociations sur la diffusion satellitaire.

La logique libérale prévalut avec le retour à une majorité UDF-RPR (1986) qui accentue le processus de privatisation. Une nouvelle loi (30 septembre) engage tout le secteur de la communication dans la concurrence. La privatisation de TF1, l'abolition du monopole de diffusion (jusque-là confié à Télédiffusion de France), la disparition de la concession de service public, la privatisation d'Havas (donc de Canal +, jusqu'alors contrôlée par des capitaux publics) décapitent le vieux système. La nouvelle instance de régulation, la Commission Nationale de la Communication et des Libertés (CNCL), réattribue les chaînes dans des conditions discutables. La Cinq va à R. Hersant et S. Berlusconi. TV6, qui devient M6, revient à la Compagnie luxembourgeoise de télévision (CLT) et à la Lyonnaise des eaux. Enfin, après avoir écarté la candidature Havas/Hachette, la CNCL choisit le groupe Bouygues comme premier opérateur privé de TF1.

La réélection de F. Mitterrand (1988) n'entrave pas cette évolution, malgré deux réformes : la création d'une nouvelle instance de régulation appelée Conseil Supérieur de l'Audiovisuel (CSA) le 17 juillet 1989 ; l'institution d'une présidence commune à A2 et FR3, à dessein de renforcer la cohésion du secteur public (2 août 1989). En revanche, la mutation des années 1980 a entraîné une situation de déséquilibre entre secteurs public et privé – même si l'expérience de la Cinq fait long feu, puisque, incapable de trouver la stabilité, elle disparaît en 1992. Malgré la présidence commune, le secteur public, concurrencé, cherche donc une identité rénovée. La création d'ARTE (1992) et son installation sur le réseau hertzien à la place de la Cinq apparaît comme le sursaut culturel du service public. Dans la foulée et sous la tutelle de France Télévision, les chaînes sont rebaptisées France 2 et France 3. Enfin, en 1995, le service public s'enrichit d'une chaîne éducative, la Cinquième, qui occupe le créneau hertzien de feu la Cinq, mais en journée.

B. Le temps de la télévision thématique

Parallèlement, le câble et le satellite modifient en profondeur l'offre télévisuelle. À partir de la fin des années 1980, le téléspectateur qui n'avait accès qu'à quatre ou cinq chaînes nationales aux programmations voisines, se voit progressivement proposer un large éventail de chaînes thématiques fortes d'une programmation typée, répondant à ses goûts, à son âge, à ses revenus. Mais pour que la mue soit complète, il faut que l'usager de la télévision gratuite devienne un client acceptant de payer ses programmes favoris.

Fondées au cœur des années 1980, les premières chaînes s'organisent, conformément aux exigences du Plan câble, en étroite corrélation avec les collectivités territoriales. Leurs émissions sont essentiellement axées sur la vie locale – à l'exemple de Cergy Local (1985). Paris Première (1986) est une des réalisations les plus abouties, d'autant que sa vocation culturelle lui permet de nourrir une ambition peu à peu nationale. Mais le bilan en 1996 montre que les chaînes locales câblées sont en difficulté. On les trouve surtout dans de petites villes (Images Plus - Épinal, TV Thermale - Bourbonne-les-Bains).

En revanche, dès 1986, les chaînes dites thématiques à vocation nationale se multiplient : Canal J (pour les enfants, 1986), TV Sport, Planète, Ciné-Cinéma (1988), Canal Info, Télé-à-la-carte (1989), MCM (1990), Canal Jimmy, Ciné-Cinéfil, Odyssée, Eurosport (1991). Dès 1991, 12 chaînes thématiques sont disponibles sur le câble. Depuis cette offre n'a cessé de s'élargir tant sur le réseau câblé que sur le réseau satellite qui développe un bouquet toujours plus diversifié, à l'instar de celui d'AB Sat (Animaux - Cartoons - Automobile - Chasse, pêche, terroir). Parmi les genres prisés, donc porteurs on recense le succès de Planète (documentaires, 1988), Ciné-Cinéma (1988), Ciné-Cinéfil (1991), MCM Euromusique, TV sport (1988) et Eurosport (1989). S'agissant d'information, en 1993, onze diffuseurs publics européens s'associent pour créer une chaîne « tout info », Euronews, qui diffuse à partir de Lyon sur tout le continent européen en allemand, anglais, espagnol, français et italien via Eutelsat. En juin, TF1 lance à son tour une chaîne d'information en continu : LCI.

C. Un nouvel univers télévisuel

Depuis 1974, la télévision a donc vécu une révolution. La culture télévisuelle est en profondément transformée, comme les habitudes de consommation, métamorphosées non seulement par l'irruption dans le PAF de multiples chaînes thématiques mais par l'entrée dans l'ère du suréquipement et de la culture du « zapping ».

S'agissant de l'univers télévisuel lui-même, quoique les chaînes généralistes dominent toujours le marché, l'évolution en cours tend non seulement à influencer l'ensemble de la programmation, mais à substituer une télévision de flux à l'ancienne télévision de rendez-vous. Les vieux genres y perdent en légitimité, bousculés par la règle du divertissement continu, nourri par les modes actuelles des fictions, séries américaines, sit-com, reality shows

S'agissant des pratiques télévisuelles : ajouté à la plus grande accessibilité du matériel (prix), les habitudes des téléspectateurs sont modifiées. L'augmentation sensible, de la consommation ne détermine pas seule cette évolution (190 minutes/jour et par personne en 1992 contre 132 minutes en 1976). Plus important semble être le poids du multiéquipement. Il favorise une écoute individuelle au détriment de l'écoute collective. Les modalités même de la consommation déterminent son évolution. Deux points sont cruciaux : la notion de choix (programmes élargis, 60 % des foyers possédant un magnétoscope) et celle de « zapping » (80 % des ménages possèdent une télécommande).

Ainsi, statutairement, autant que sur le plan économique et culturel, la télévision est entrée dans une nouvelle phase de son histoire.

◆ Pour aller plus loin

CHAMARD (M.E.) KIEFFER (Ph.), *La Télé. Dix ans d'histoires secrètes*, 1992 – PÉAN (P.) NICK (Ch.), *TF1, un pouvoir*, 1997

CONCLUSION

Au terme d'un siècle de liberté des médias et de massification progressive des moyens d'information et de communication, il est tentant de placer toute conclusion sous le signe de la révolution en cours, celle d'Internet, du multimédia, qui s'apprête à transformer le paysage de la vie médiatique dans le monde et la perception même de l'espace – comme la radio et la télévision au temps de leur conquête du public. Pourtant et pour s'ériger en faux contre les pseudo-prophètes, il convient de souligner que le phénomène d'illusion et de fascination technologique a joué aussi et en d'autres temps pour la presse écrite de masse, la radio, puis la télévision. Certains, à l'heure de l'essor radiophonique, prédisaient la mort de la presse écrite ; d'autres, pathétiques, annoncèrent la disparition d'une radio vouée à se dissoudre dans le tube cathodique triomphant. Certes, il convient de souligner la situation difficile que vivent certains médias écrits, surtout la PQR et la PQN. Mais en définitive, les médias étudiés ont résisté au temps, aux mutations culturelles, économiques, politiques qui ont jalonné notre siècle et trouvé un rôle qui s'il est concurrentiel n'en est pas moins complémentaire ; chacun préservant sa spécificité et remplissant un rôle particulier.

Sur la base de la révolution informatique des années 1980, le nouvel espace médiatique d'Internet s'affirme. Notre propos rétrospectif n'intégrait pas cette dimension chaude de l'histoire. Cette naissance pose toutefois la question de la régulation de tout secteur médiatique neuf et *in fine* de son rapport à l'éthique, au politique – à cette différence, du reste, qu'Internet semble d'abord dépendre, dans son développement, de l'élargissement à la base de son audience, renvoyant pour l'heure la question de la régulation à un second plan. Cette question renvoie néanmoins à un point clé de l'histoire des médias : leur émancipation vis-à-vis du pouvoir, à partir de 1881 pour la presse écrite, plus récemment pour la radio et de la télévision ; celui aussi de leur rôle dans le cadre du débat démocratique (évident pour la presse canal d'intégration de l'identité républicaine à l'échelle nationale – contesté mais authentique dans le cadre du forum télévisuel).

Libérés des monopoles et de la censure, les médias vivraient désormais sous la tutelle d'autres censeurs : l'audimat, la concurrence, la rentabilité. Pour caricatural qu'il puisse paraître, ce diagnostic n'en est pas moins crucial. La loi du profit pèse en effet fortement sur les produits et les contenus médiatiques. L'histoire récente des radios pirates notamment montre combien il est devenu difficile de fabriquer du média au mépris des règles du marché. Certains analystes craignent que cette pression favorise une uniformisation de l'information, dès lors une stérilisation utilitaire des médias et, au-delà, la naissance d'un consommateur de médias apathique, dépourvu de sens critique, d'un téléspectateur-auditeur-lecteur aux réflexes panurgesques. On se défiera d'adhérer en bloc à de telles approches. Le regard porté sur le passé permet de voir comme ces jugements sont péremptoires. De tout temps, il s'est trouvé des esprits chagrins pour dénoncer l'entreprise d'abêtissement et d'avilissement des médias. Or sur le long terme, ils ont plus ouvert de fenêtres sur le monde qu'ils n'en ont fermé. Reste que, si les médias n'ont jamais, au sens propre, révolutionné les rapports sociaux et les représentations sociales, leur influence existe. De fait, via le panel grandissant et toujours plus performant des outils d'information et de divertissement mis à la disposition du public, ce siècle d'explosion médiatique a singulièrement transformé la représentation du monde et, probablement, du rapport à l'autre.

La question culturelle et la question politique invitent donc à s'interroger sur l'influence des médias, sur le «quatrième pouvoir». Largement mythifiée, cette question de l'influence est pourtant capitale, sous-jacente à toute problématique touchant à l'étude du pouvoir médiatique. Tantôt surestimé, tantôt sous-évalué, ce pouvoir d'imprégnation des consciences individuelles et collectives, sa fonction dans la formation de l'esprit civique est une question clé, mise en particulier en lumière par la problématique de l'information en temps de guerre ou de crise.

Mais, pour finir, le regard rétrospectif sur un siècle de médias et les études menées sur la réceptivité montrent que les comportements civiques et politiques, socioculturels sont déterminés par bien d'autres forces que les médias, qui ne sont pas des *deus ex machina*. S'il faut rester vigilant face à la mutation des outils d'information et à leurs dérives possibles, gardons donc à l'esprit ces deux faits, fondamentaux : d'une part, les médias ont participé et participent de façon centrale à la construction de l'esprit critique du citoyen ; d'autre part, leur vêture et leur contenu dépendent étroitement des aspirations mêmes du corps social et sont, pour une bonne part, un miroir que la société [se] donne d'elle-même.

GLOSSAIRE

Audion. Nom donné par Lee de Forest à la valve détectrice qu'il inventa en 1907.

BLIC. Bureau de liaison des industries cinématographiques.

Échopper. Supprimer une partie du texte avant impression à l'aide d'un burin.

Flan. Feuille cartonnée servant à prendre l'empreinte d'une page, ensuite fixée sur les rotatives.

Héliogravure. Désignation des procédés de fabrication, par processus photomécanique, de formes d'impression gravées en creux et procédés permettant l'impression à partir de ces formes.

Linotype. Instrument permettant, à partir d'un clavier rappelant celui d'une machine à écrire, de fondre 6 000 caractères à l'heure contre un maximum de 1 000 à 1 200 manuellement.

Monotype. Machine à imprimer sur papier à partir de caractères fondus isolément les uns des autres.

Morasse. Épreuve de la page montée destinée aux correcteurs.

Offset. procédé d'impression en deux temps, par reproduction de la forme d'impression sur un blanchet de caoutchouc, puis de celui-ci, encré, sur le papier lui-même.

Photocomposeuse. Machine permettant la fabrication, par photocomposition, de textes directement disponibles sur film photographique.

Pneumatique. Machine pneumatique transportant par tube, sous l'égide de la Poste, des messages rédigés sur papier léger. Système abandonné en 1984.

PQN, PQR. Presse quotidienne nationale, Presse quotidienne régionale.

Sofirad. Société financière de radiodiffusion créée en novembre 1942 qui gère les participations de l'État français dans les postes privés en France et à l'étranger.

Tabloïd. Journal de format réduit, environ la moitié du format usuel des quotidiens français.

BIBLIOGRAPHIE

Les références bibliographiques qui suivent sont avant tout indicatives. Elles tiennent compte des principaux et plus récents éléments de l'historiographie des médias écrits et audiovisuels – les dates de publication font foi, pour la plupart, du mouvement très actuel de réveil de l'intérêt scientifique porté aux médias, audiovisuels en particulier. Ne figurent pas ici les titres cités dans les encadrés en fin de dossiers, qui n'en sont pas moins essentiels que ceux qui suivent.

• Ouvrages généraux

BALLE (F.), *Médias et société de Gutenberg à Internet*, Montchrestien, 1997 (8e éd.) ; *Dictionnaire des médias*, Bordas, 1998 – BARBIER (F.), BERTHO LAVENIR (C.), *Histoire des médias, de Diderot à Internet*, A. Colin, 1996 – BERTRAND (C.-J.), *et alii*, *Médias. Introduction à la presse, la radio, la télévision*, Ellipses, 1995 – CAZENAVE (E.), ULMANN-MAURIAT (C.), *Presse, radio et télévision en France de 1631 à nos jours*, Hachette, 1994 – CAYROL (R.), *Les Médias. Presse écrite, radio et télévision*, PUF, 1991 – CHARON (J.-M.) dir., *L'État des médias dans le monde*, La Découverte, 1991 – FLICHY (P.), *Une histoire de la communication moderne. Espace public et vie privée*, La Découverte, 1991– JEANNENEY (J.-N.) avec la coll. de CHAUVEAU (A.) dir., *L'Écho du siècle. Dictionnaire historique de la radio et de la télévision en France*, Hachette Littératures-Arte-La Cinquième, 1999 – JEANNENEY (J.-N.), *Une histoire des médias des origines à nos jours*, Seuil, 1996 – MARTIN (M.), *Médias et journalistes de la République*, O. Jacob, 1997– MARTIN (M.) dir., *Journalisme et journalistes français, 1950-1990*, O. Jacob, 1991 – SFEZ (L.), *Dictionnaire critique de la communication*, PUF, 1992.

• Presse et journalisme

ALBERT (P.), TERROU (F.), *Histoire de la presse*, PUF, 1996 (8e éd.) – ALBERT (P.), *La Presse française*, La Documentation Française, 1998 – ALBERT (P.) *et alii*, *Documents pour servir à l'histoire de la presse*, CNRS, 1977 – BALLE (F.), *Et si la presse n'existais pas...*, Lattès, 1987 – BELLANGER (Cl.) *et alii*, *Histoire générale de la presse française*, 5 vol., PUF, 1969-1976 – CHARON (J.-M.), *La Presse en France de 1945 à nos jours*, Seuil, 1991 ; *La Presse quotidienne*, La Découverte, 1996 ; *La Presse magazine*, La Découverte, 1999 – CLUZEL (J.-J.), *Presse et démocratie*, LGDJ,

1997 – DELPORTE (Ch.), *Histoire des journalistes et du journalisme*, PUF, 1994 ; *Les Journalistes en France, 1880-1950. Naissance et construction d'une profession*, Paris, Le Seuil, 1999 – ESTIER (Cl.), *La Gauche hebdomadaire, 1914-1962*, A. Colin, 1962 – EVENO (P.), *Le Monde, 1944-1995. Histoire d'une aventure de presse*, Le Monde Éd., 1996 – GUÉRY (L.), *Visages de la presse. La présentation des journaux des origines à nos jours*, CFPJ Éditions, 1997 – GUILLAUMA (Y.), *La Presse en France*, La Découverte, 1990 – LIVOY (R.) de, *Histoire de la presse française*, 2 tomes, Éd. Spes, 1965 – MARCHAND (J.), *La Presse sportive*, CFPJ, 1989 – MATTHIEN (M.), *La Presse quotidienne régionale*, PUF, 1993 – PALMER (M.), *Des petits journaux aux grandes agences de presse. Naissance du journalisme moderne*, Aubier, 1983 – RIEFFEL (R.), MATTHIEN (M.) dir., *L'Identité professionnelles des jounrnalistes,* CUEJ, 1995 – RIEFFEL (R.), *L'Élite des journalistes*, PUF, 1984 – VOYENNE (B.), *La Presse dans la société contemporaine*, A. Colin, 1969 – WOLGENSINGER (J.), *L'Histoire à la Une. La grande aventure de la presse*, Gallimard, 1989.

• Radio

ALBERT (P.), TUDESQ (A.-J.), *Histoire de la radio-télévision*, PUF, 4e ed. 1995 – BROCHAND (Ch.), *Histoire générale de la radio-télévision*, Tome 1 : 1921-1944 ; Tome 2 : 1944-1974, La Documentation française, 1994 – CHEVAL (J.-J.), *Les Radios en France. Histoire, état et enjeux*, Rennes, Éd. Apogée, 1997 – CRÉMIEUX-BRILHAC (J.-L.), *La France libre*, Gallimard, 1996 – DUVAL (R.), *Histoire de la radio en France*, A. MOREAU, 1979 – ECK (H.) dir., *La Guerre des ondes. Histoire des radios de langue française pendant la Deuxième Guerre mondiale*, A. Colin, 1985 – JEANNENEY (J.-N.), *Échec à Panurge. L'audiovisuel public au service de la différence*, Le Seuil, 1986 – MARÉCHAL (D.), *Radio Luxembourg, 1933-1993. Un média au cœur de l'Europe*, Nancy, PUN et Éd. Serpenoise, 1994 – MÉADEL (C.), *Histoire de la radio des années trente. Du sans-filiste à l'auditeur*, INA/Anthropos-Economica, 1994 – PROT (R.), *Dictionnaire de la radio*, Grenoble, PUG-INA, 1997 – REMONTE (J.-F.), DEPOUX (S.), *Les Années radio (1949-1989)*, Gallimard-l'Arpenteur, 1989 – REMONTE (J.-F.), *40 ans de radio*, cassettes INA-Radio France, 1990 – SABBAGH (A.) *La Radio. Rendez-vous sur les ondes*, Gallimard, 1995 – ULMANN-MAURIAT (C.), *La Naissance d'un média. Histoire politique de la radio en France (1921-1931)*, l'Harmattan, 1999.

• Télévision

ALBERT (P.), TUDESQ (A.-J.), *Histoire de la radio-télévision*, PUF, 4e ed. 1995 – BACHMANN (S.), *L'Éclatement de l'ORTF*, L'Harmattan, 1997 – BOURDON (J.), *Histoire de la télévision sous de Gaulle*, Antropos-INA, 1990 – BOURDON (J.), *Haute fidélité. Pouvoir et télévision, 1935-1994*, Le Seuil, 1994 – BOURDON (J.), CHAUVEAU (A.), DENEL (F.), MÉADEL (C.), GERVEREAU (L.), dir., *La Grande aventure du petit écran. La télévision française 1935-1975*, BDIC-INA, 1997– CHAUVEAU (A.), *L'audiovisuel en liberté? Histoire de la Haute Autorité*, Presses de Sciences Po, 1997 – DAYAN (D.), KATZ (E.), *La Télévision cérémonielle*, PUF, 1996 – ESQUENAZI (J.-P.), *Télévision et démocratie*, PUF, 1999 – JEANNENEY (J.-N.), SAUVAGE (M.) *et alii*, *Télévision, nouvelle mémoire. Les magazines de grand reportage. 1959-1968*, Le Seuil, 1982 – LÉVY (M.-F.) dir., *La Télévision dans la République. Les années 1950*, Complexe, 1999 – MEHL (D.), *La Fenêtre et le miroir. La télévision et ses programmes*, Payot, 1992 – MICHEL (H.), *Les Grandes dates de la télévision française*, PUF, 1995– MISSIKA (J.-L.) WOLTON (D.), *La Folle du Logis. La télévision dans les sociétés démocratiques*, Gallimard, 1983 – MOUSSEAU (J.), BROCHAND (Ch.), *L'Aventure de la télévision*, Nathan, 1987 – PÉAN (P.), NICK (Ch.), *TFI, un pouvoir*, Fayard, 1997 – WOLTON (D.), *Éloge du grand public. Une théorie critique de la télévision*, Flammarion, 1990.

• Revues

La lecture des revues spécialisées permette d'avoir une vue précise des directions de la recherche et des problématiques en cours de formation. On consultera utilement :

Cahiers d'histoire de la radiodiffusion – Cinémaction – Communication et langage –Communication – Dossiers de l'audiovisuel – Hermès. Cognition, communication, politique – Le journalisme – Médiaspouvoirs – Quaderni. Revue de la communication – Recherches en communication – Réseaux. Communication, technologie, société – Technologie de l'information et de la société.

INDEX

Les noms de journaux, radios, télévisions étant en nombre important dans ces pages, leurs références n'ont pas été reportées dans l'index, uniquement nominatif.

Photocomposition : Nord Compo – Villeneuve d'Ascq

Armand Colin
21, rue du Montparnasse
75006 Paris
N° de projet 10070213-(I)-(3,5)
OSBB 100° - NC - Octobre 1999

CORLET, Imprimeur, S.A.
14110 Condé-sur-Noireau
N° d'Imprimeur : 41502
Dépôt légal : octobre 1999